写真に見る
アジア・アメリカの風俗文化

帝国書院

まえがき

最近数年間に，海外を歩いて撮り集めた写真の中から，視覚情報の少ないアフリカと西アジアに絞って，写真集「写真に見るアフリカ・西アジアの風俗文化」を2008年3月に帝国書院から出版したところ，写真の視点や希少性に一定の評価をいただき，続編の出版を望む声も聞かれたので，アフリカ・西アジアを除く地域で撮った写真を選択・編集して，本書を続編として出版することにした。具体的には，南アジア・東南アジア・オセアニア・北アメリカから各々2ヶ国，計8ヶ国を取り上げた。

南アジアや東南アジアの国々については，アフリカや西アジアと同様に，各国を代表する文化遺産やその歴史的背景の他に，地域の風土に適合した生活を重点的に示した。

一方，オセアニアや北アメリカの先進国については，日本人旅行者が多く，その人数に比例して視覚情報が多く出廻っている。したがって，希少価値を持つ写真だけで構成するのはむずかしいし，希少性を追求し過ぎると各国の特色となるテーマからはずれ，教材としての価値を失ってしまうことにもなるので，テーマとしては各国を代表するものに絞った上で，視点に注意を払って日本では見られない内容の写真を選択し，その解説を記述した。その中には，先進国に共通する環境問題を含めた。こうした手法を可能にしたのは，レンタカーによるドライブ旅行で，現場を間近で見てきたことである。たとえば，ニュージーランドでは氷河末端まで近付いて氷河の後退を撮影し，カナダでは針葉樹林の枯れた姿を目の前で観察し，アメリカでは近代的フィードロットや綿花耕作の現場に出向いて実情を撮影し，取材した。

もとより，多くのスタッフを従えた撮影旅行ではない。単独の撮影旅行の限界があるが，事前の調査や現地での観察眼でカバーして撮影し，視覚教材としてまとめたものであるので，教育現場での活用を期待するものである。しかしながら，不十分な知識をもとに書いた写真説明の中に，不正確な記述や思い違いもあるかもしれない。それらはお詫びするしかない。その上，お気付きの点のご指摘，ご批判を厚かましくお願いする次第である。

齊藤　隆

もくじ

まえがき		2
南アジア	インド	4
	スリランカ	20
東南アジア	カンボジア	26
	インドネシア	34
オセアニア	オーストラリア	40
	ニュージーランド	48
北アメリカ	カナダ	56
	アメリカ合衆国	68
あとがき		92
さくいん		94

ハロウィンの準備を手伝う子供たち（アメリカ合衆国，メーン州，フリーポート）

INDIA

インド

タージ=マハル（アグラ）

ムガル帝国第5代皇帝シャー=ジャハーンが愛妃ムムターズ=マハルの死を悲しみ，莫大な費用と22年の歳月をかけて1653年に完成させた廟である。左右対称の総大理石造りで，中央のドームの高さは58m，白大理石の外面には黒・赤・黄などの貴石を象嵌した装飾が施されている。タージ=マハルはムガル建築の頂点といわれ，1983年に世界遺産に登録された。

ムガル帝国は，インド半島のほぼ全域を領土にしたシャー=ジャハーンの治世に繁栄のピークを迎えるが，この廟に費用を使い過ぎ，彼の息子たちは皇位継承で争い，ムガル帝国は衰退に向かい，彼自身も息子の一人にアグラ城に幽閉され，失意のうちに命を閉じた。

ファテプル・シークリー（アグラ）

ムガル帝国第3代皇帝アクバルが建設した都である。しかし水不足が原因で，14年後にはここを去らなければならなかった。アクバルは宮殿を建設する際に，写真のパンチ・マハル（五層閣）のようにインド古来の建築様式を多用した。それは彼が広大な領土統治のために，諸宗教宥和政策を重視したためである。

フマユーン廟（デリー）

ムガル帝国第2代皇帝フマユーンの霊廟で，彼の死後妻の手により1556年に完成した。庭園の中に廟を置く形式で，中央にドームを配した左右対称の建築様式は，ムガル建築として確立し，後のタージ＝マハルにも影響を与えた。赤砂岩に白大理石を配した色彩のコントラストが美しい。

クトゥブ・ミナール（デリー）

12世紀末，奴隷王朝のスルタン，クトゥブ＝アッディーン＝アイバクが北インドを征服し，ヒンドゥー教徒に対する勝利記念の塔として建立した。当時100mの高さがあったが，飛行機の事故で現在の72.5mになった。基部の直径が14.5mもあり，広々とした平原にひときわ高くそびえている。

リサイクル資源（サーンチ郊外）

　牛糞干しは，街はずれに行けば目に入る風景である。これは伝統的な資源再利用の代表例であり，立派な商品でもある。地球の資源枯渇を心配すべきときだからこそ，この伝統的方法を再評価したい。この風景を見て「汚い」という人は，インドを好きになれない。

サーンチの大ストゥーパ

　紀元前3世紀，マウリヤ朝第3代アショーカ王はインド史上最大の統一国家をつくった。彼は領土拡大で多くの犠牲者の悲惨さに心を痛め，仏教に帰依し，インド各地にストゥーパ（仏塔）を建てた。その多くは消滅したが，サーンチには3基のストゥーパが，2000年以上の歳月を経た現在でもほぼ完全な形で残されている。この大ストゥーパは直径36.5m，高さ16.4mある。

ジャーンシ駅前の人々

　ジャーンシはアグラの南約200km，デカン高原北部の交通の要衝の町である。
　駅前には，ホームレスの数家族がたむろしていた。バスが止まるとかけ寄り，食物をせびる。こんな風景は珍しくはないが，印象に残ってしまう。しかし，彼等は意外にも暗い顔をしていない。それが救いである。

ガンジス川での沐浴（ヴァラナシ）

　ヒマラヤの水を集めるガンジス川（ガンガ）はヒンドスタン平原に出ると蛇行をくりかえし，ヴァラナシでは南から北へ流れる。ヴァラナシの旧市街はその左岸にあり，河岸には60ものガート（河岸に設けられた階段状の堤）が数kmにわたって連なり，ここが沐浴の場所になっている。したがってガートに立てば，東に向かってガンジス川の向こうに昇る日の出を見ることができる。

　ムスリムにとってのメッカと同様に，ヒンドゥー教徒にとってはヴァラナシが聖地であり，ここでガンジス川の水を浴びるためインド各地から参上し，晴れ着をまとい，暗いうちからガートで供物を持って日の出を待つのである。ガンジス川の水を浴びることですべての罪は浄められ，さらにここで死に，遺灰をガンジス川に流されれば最高の幸福を得られると信じられている。

ガンジス川での洗濯（ヴァラナシ）

　ヴァラナシのガートでは沐浴する人々だけではない。修行をする聖者もいれば，牛や猿もいるし，排泄物も流される。すぐ隣のガートでは洗濯をする。その先のガートでは遺体が荼毘に付され，遺灰が川に流されている。ガンジス川はすべてを呑み込み，海に運び，浄化して再び雨となって地上に戻り，ガンジスの流れとなる。自然の輪廻と同様に，人も自然の一部として輪廻しているのである。

カジュラホのヒンドゥー寺院

　デカン高原北部の丘陵地に，チャンデーラ王国が11～12世紀に建設したヒンドゥー寺院で，外壁を埋める天女像やミトゥナ像（男女交合像）の官能的な彫像で知られている。当初は85の寺院があったが，14世紀に偶像崇拝を認めないイスラーム勢力の支配下に入ったため破壊され，現在は22の寺院が残っている。建設当時はインド各地で寺院建築が盛んに行われた時期で，北方様式と南方様式とが別々に発展したが，カジュラホは北方様式を代表するものであり，起源の古い土着の信仰の影響を受けている。

　このような彫像が数体あるだけで，その博物館は人気を集める，といわれる程のすばらしい彫像が，ここには無数にある。1000年も昔の作品であるのに，現在でも生命感が溢れている。

アジャンター石窟寺院

　デカン高原の北西部，ワーグラー渓谷の断崖中腹に30の仏教寺院が刻まれている。中央部にある五つの石窟は紀元前1世紀に刻まれた前期窟（上座部仏教），その他は紀元後5世紀に刻まれた後期窟（大乗仏教）の寺院である。前期窟の内部は装飾もほとんどなく簡素であるのに対し，後期窟は仏像や仏画で飾られ，とくに壁画は中国や日本の古代仏教絵画の源流といわれるもので，高温多湿な風土だけに，古代の壁画が残されているのは大変貴重である。

ブリハディシュヴァラ寺院（タンジャブル）

11世紀，南インドを支配したチョーラ王朝の最盛期に建てられたヒンドゥー寺院で，南方様式（ドラヴィダ様式）の最高峰といわれる。ゴープラム（塔門）やヴィマーナ（本堂）には，陶磁器ではなく，石に刻まれた神々の像が飾られている。ヴィマーナ（左の写真）は高さが63mで，南インドで最も高く，その頂部には重さ80tの単体の冠石が置かれている。彫刻や冠石は宗教的情熱の強さを示している。この寺院は1987年に世界遺産に登録されている。

ミナークシ寺院（マドゥライ）

16世紀に建築されたミナークシ寺院は，ドラヴィダ様式のヒンドゥー寺院の典型で，50m前後の高さをもつ東西南北の四つのゴープラムがそびえている。そこには3300体といわれる神々の像がある。この極彩色の像はかなり精巧につくられた陶磁器である。（右の写真が頂上部分の拡大）

村の集会所（コモリン岬付近）

　村に川があれば，必ず洗濯・水浴をする風景がある。これは生活水準の問題ではない。これがここの昔からやっている自然のやり方なのだ。ここは洗濯場であると共に，水浴の場であり，井戸端会議の場でもある。何か古き良き時代を見ているようで，なつかしさえ感じる。彼女たちは，熱帯サバナ気候地域における水の大切さ，さらに水のいとおしさを体で表現しているように見える。

正月の準備をする人々

　インドには多くの民族がいるが、その中の一つタミル人は、タミルナドゥ州を中心に、インド南部に多く住んでいる。タミル人にとって、1月15日は正月に当たる。

　マドゥライでは、この日の朝、商店でも住居でも入口の前の路上に、その家独特の模様を描く（右の写真）。この伝統を守るのは各家の主婦である。色をつけた砂を指に取っていねいに路面に落として描くのである。この模様は道路を通る人によって夕方には消されてしまうが、描く人は熱心に楽しそうに作業をする。また、タンジャブルの市場前では、タミルの女性が、正月用の花飾りを作りながら売っている（左の写真）。コモリン岬付近の町では、自宅の祠に供えるために、長いままの さとうきび を買って持ち帰る人が多く見られる。

SRI LANKA

スリランカ民主社会主義共和国

ポロンナルワのガル・ヴィハーラ

　スリランカはインドとの関係が深い。紀元前3世紀にはインドより仏教が伝えられ，紀元前2世紀には南インドのタミル人の侵略が始まり，スリランカのシンハラ王朝はその後に数回の首都の移転を余儀なくされた。現在の北部の内戦もその延長上にある。シンハラ人は人口の7割を占め，仏教を信仰しているが，タミル人は2割で，ヒンドゥー教を信仰している。

　10世紀には古代から首都であったアヌラダプラがタミル軍に侵略され，シンハラ王朝は首都をポロンナルワに移した。歴代の王は灌漑施設を造って国を豊かにし，多くの寺院を建設した。また岩山を削って涅槃仏・立像・座像の3体を彫り出した。涅槃仏は全長14mある。最も繁栄した12世紀にはポロンナルワは仏教都市として知られるようになり，ビルマ（現在のミャンマー）やタイから僧侶がここを訪れるようになった。

ダンブッラの石窟寺院

紀元前1世紀にシンハラ王朝の王によって第一窟が造られ，その後の王によって拡張・修復がなされ，20世紀になって造られた第五窟まで，五つの石窟が造られている。その中で最も大きい石窟がこの第二窟で，幅52m，奥行25m，高さ6mほどで，洞内には56体もの仏像が安置されている。壁や天井一面に描かれた絵画もすばらしい。

ダンブッラ郊外のマーケット

ダンブッラの町は，石窟寺院の近くににぎやかなところがあるが，そのほかには家の密集地はない。しかし，この町の郊外には意外に大きいマーケットがある。付近の農家が持ち寄った野菜や果物が多いが，衣服・魚・干物などもあり，各家庭の必需品である香辛料の店ももちろんある。

22

シーギリヤ・ロック

　ジャングルの中に，円筒状の岩山が垂直にそそり立つ異様さに驚くが，さらに岩山の頂上に宮殿を造営して住んだ王がいたことに一層驚かされる。ただし，この王都はたった11年間しか使われなかった。5世紀の後半，シンハラ王朝の王はその長子に王位を奪われ，殺されてしまう。長子は弟の報復を恐れ，この岩山の頂上に宮殿を造って支配するが，結局は弟に滅ぼされてしまうのである。

　この岩山の中腹に，シーギリヤ・レディと呼ばれるフレスコ画が残されている（左の写真）。1400年前の作品とは思えないほど鮮やかさを保っている。かつては数百人の女性が描かれていたが，現在は18人だけが残されている。

アヌラダプラのルワンヴェリ・サーヤ大塔

　アヌラダプラは紀元前4世紀から紀元後10世紀まで，この国の首都であり続けた。紀元前3世紀にはインドから仏教が伝えられ，この地からスリランカ全土へ，さらにビルマ（現在のミャンマー），タイ，カンボジアへと広がっていった。長い間，政治と仏教の中心都市であったため，仏教関係の建造物が数多く建てられたが，その中の代表的なものの一つが，ルワンヴェリ・サーヤ大塔（紀元前2世紀建立，高さ55m）で（上の写真），その前で燈明をあげる人々（右の写真）の姿を見ると，大塔は2200年前の歴史的建造物としてではなく，現在の信仰の対象として生きていることがわかる。

CAMBODIA

カンボジア王国

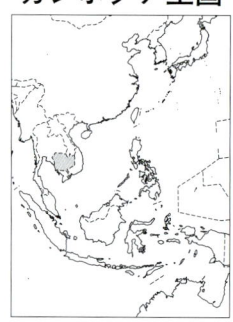

ジャングルの中のアンコール=ワット

　9世紀初頭からこの地を支配したアンコール朝は，最も繁栄した12世紀にヒンドゥー寺院アンコール=ワットを建造した。15世紀にはシャム（現在のタイ）のアユタヤ朝に攻撃され，王都アンコールは陥落した。アンコール朝の衰退と共に，アンコール=ワットは徐々にジャングルに覆われ，今から150年程前にフランス人学者によって再発見されるまで，忘れ去られていた。

　東西1500m，南北1300mの堀に囲まれた巨大な石造建造物は，900年も前にジャングルを切り開いて造られたのである。当時の人々の宗教的情熱とこの地の生産力の大きさは驚嘆に値する。

タ・プロム僧院跡

　12世紀に建造されたこの僧院は，長い間ジャングルに覆われていたため，大木の根が大蛇のようにからまっている。人間が手を加えなければ，大木が建物を破壊し，ジャングルが遺跡を呑み込んでしまうだろう。自然の力を観察するために，今のところ樹木の除去や建物の修復をしていないが，ここも世界文化遺産に登録されているので，このまま放っておくことはないだろう。文化遺産を守るか，自然の営みに任せるか，私は後者をとりたい。文化遺産を守るという主旨のもとで，人間以外の生物の生存を許さないことは，人間の身勝手なわがままではないだろうか。自然の包容力に甘え過ぎていると，異常気象のように，いつかしっぺ返しが来るにちがいない。

アンコール=ワットの中央祠堂

　アンコール=ワットには三重の回廊があり，その内側に5基の尖塔で構成する中央祠堂がある。アンコール=ワットを創建した王は王権を神格化するために，独自の宇宙観を持ってこの寺院を設計したが，5基のうち最も高い中央の尖塔は神々が住む山を象徴する聖なる場所とした。
　傾斜の急なこの中央塔に登るのは簡単ではないのは当然かもしれない。

アンコール=トムのバイヨン

　アンコール=ワットの造営から半世紀を経て，アンコール朝はアンコール=トムの造営を始めた。アンコール=ワットのすぐ北側に1辺を3kmとする堀で囲み，東西南北の城門を結ぶ2本の主要道路が交差する場所，すなわちアンコール=トムの中心部に仏教寺院バイヨンを建設した。
　バイヨンは二重の回廊で囲まれ，その内側には16基の尖塔があり，各尖塔の頂部には四面仏が刻まれている。また外側の第一回廊には庶民や貴族の日常生活，石造建造物の建築場面，戦場での戦闘場面などが生き生きと描かれている。

バイヨンの四面仏

　バイヨンの尖塔に刻まれた四面仏は観世音菩薩の顔である。この寺院には50面を超える四面仏がある。それぞれの顔の表情は微妙に異なるが，微笑みをたたえているのは共通している。この観世音菩薩はどんな役割を担って登場したのだろうか。外来宗教である仏教がこのとき急速に強くなったのは，チャンパとの戦争で社会不安が増大し，一方では長い間のヒンドゥー教支配によりバラモン僧たちの国政に対する発言力の増大など，この国の支配者にとって社会変革の必要性に迫られていた状況が背後にあったためである。

トンレサップ湖の移動デパート

　水上家屋が集落をつくる水域には、さまざまな船が行き交う。右の写真は食料品から日用品全般を積んで各家屋を廻って商売をする船である。もっと小さな船で食料と飲物だけを売り歩く移動コンビニもある。

トンレサップ湖の水上家屋

　トンレサップ湖の面積は乾季で約2500km²，雨季にはメコン川の水が流入して，その3倍程になる。湖の北部沿岸には，その差に順応し，利用して生活する多くの住民がいる。雨季には湖の周囲の灌木は水没して魚の産卵場所となる。漁民は湖岸となる山裾近くに移動する。乾季になると，漁民は沖の浅瀬に向かって移動する。漁民だけでなく，山裾から水面に現れて延長していく道路に沿って露天商や船着場が湖岸を追うように沖に向かって移動するのである。漁民の水上家屋は漁業にも移動にも便利になるよう工夫されている。左の写真は床下を割り竹で囲い，いけす として利用している家屋（左側）と船に屋根と外壁をつけて住居としている家屋（右側）である。

水上家屋の引っ越し

　湖の増水期と減水期には，漁民は漁場を求めて家屋の引っ越しをしなければならない。家屋は軽くなるように造ってあるので，エンジン付きの小型漁船で引くことができる。

INDONESIA

インドネシア共和国

ボロブドゥール（ジャワ島）

　8世紀後半から9世紀前半にかけて建立された世界最大の仏教建造物である。1辺の長さが約120mの方形の基壇の上に5層方形壇，その上に3層の円形壇，全体で9層のピラミッド状になっている。レリーフのある壁面は1460面，仏像は504体など規模の大きさに驚かされる。これらの形や数はすべて仏教の思想が表現されている。ボロブドゥールは他の寺院と違って内部空間がない。また，基壇・方形壇の壁面を飾るレリーフはみごとである。
　ボロブドゥールは19世紀初頭に発見されるまでジャングルの中で眠っていた。20世紀の中頃には崩壊の危機にさらされたが，国際協力による修復工事が施され，1991年には世界遺産に登録された。

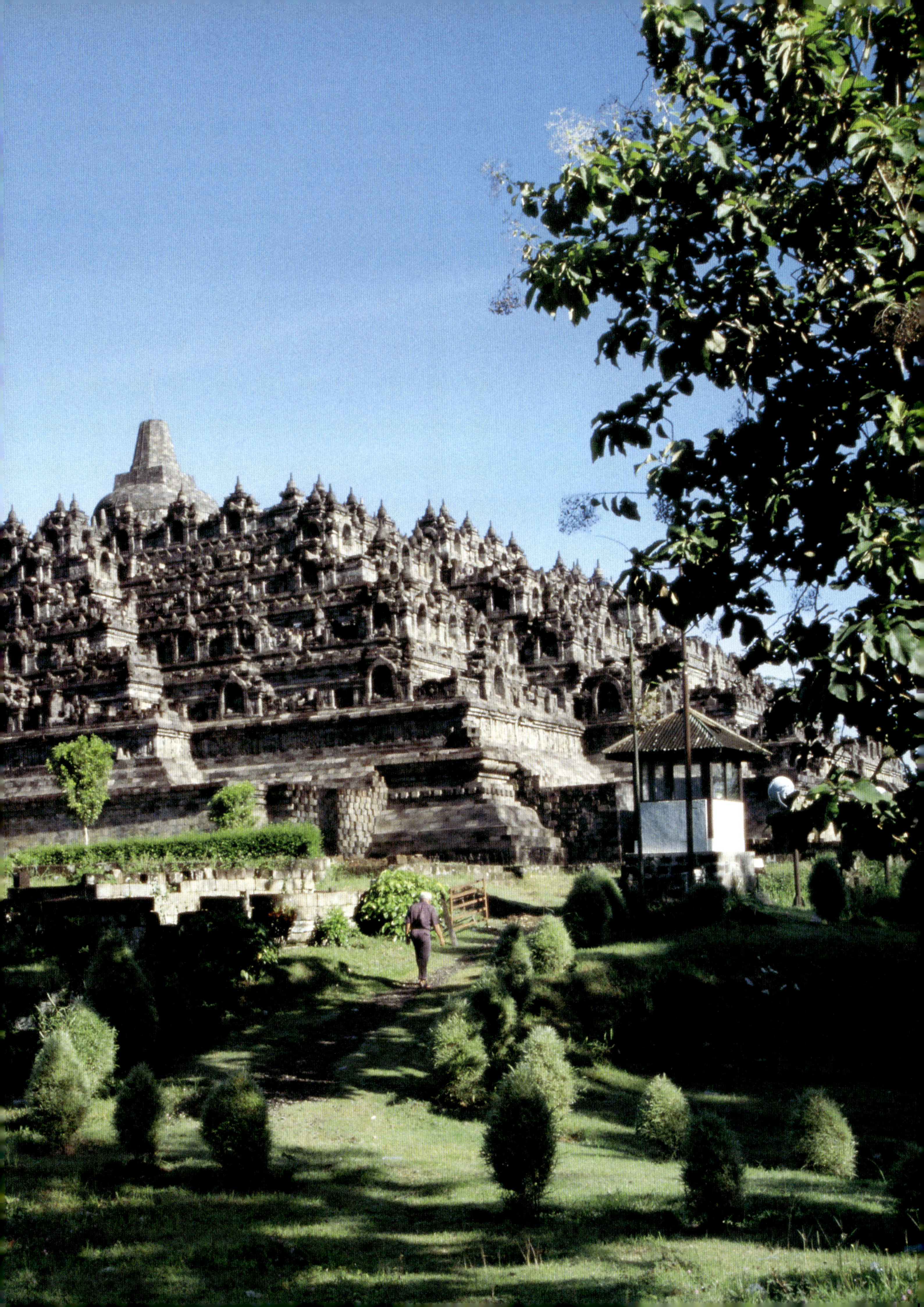

ボロブドゥールのストゥーパ

　ボロブドゥールの最上部には大きなストゥーパ(仏塔)がある。その周囲には３層の円形壇上に72基の小型の釣鐘型ストゥーパが並んでいる。各ストゥーパには仏像が安置されているが，どれも優美な姿をしている。小型のストゥーパは切り込みを入れた石を積み上げ，外側から仏像が見えるようになっている。仏像にしても，壁面のレリーフにしても，1200年前に刻まれたものとは思えない程みごとである。

プランバナン（ジャワ島）

　ボロブドゥールからそれ程離れていない所に，このヒンドゥー寺院がある。建設年代もボロブドゥールとほとんど同じ時期である。しかも，この寺院の周辺には約30の寺院が点在している。建設当時のヒンドゥー教と仏教は必ずしも敵対関係ではなかったことから，両宗教が軒を並べても不思議はないが，寺院建築の技術的・芸術的価値がすばらしいだけでなく，これだけの建造物を集中的に築く経済的・政治的基盤の強さに驚かされる。

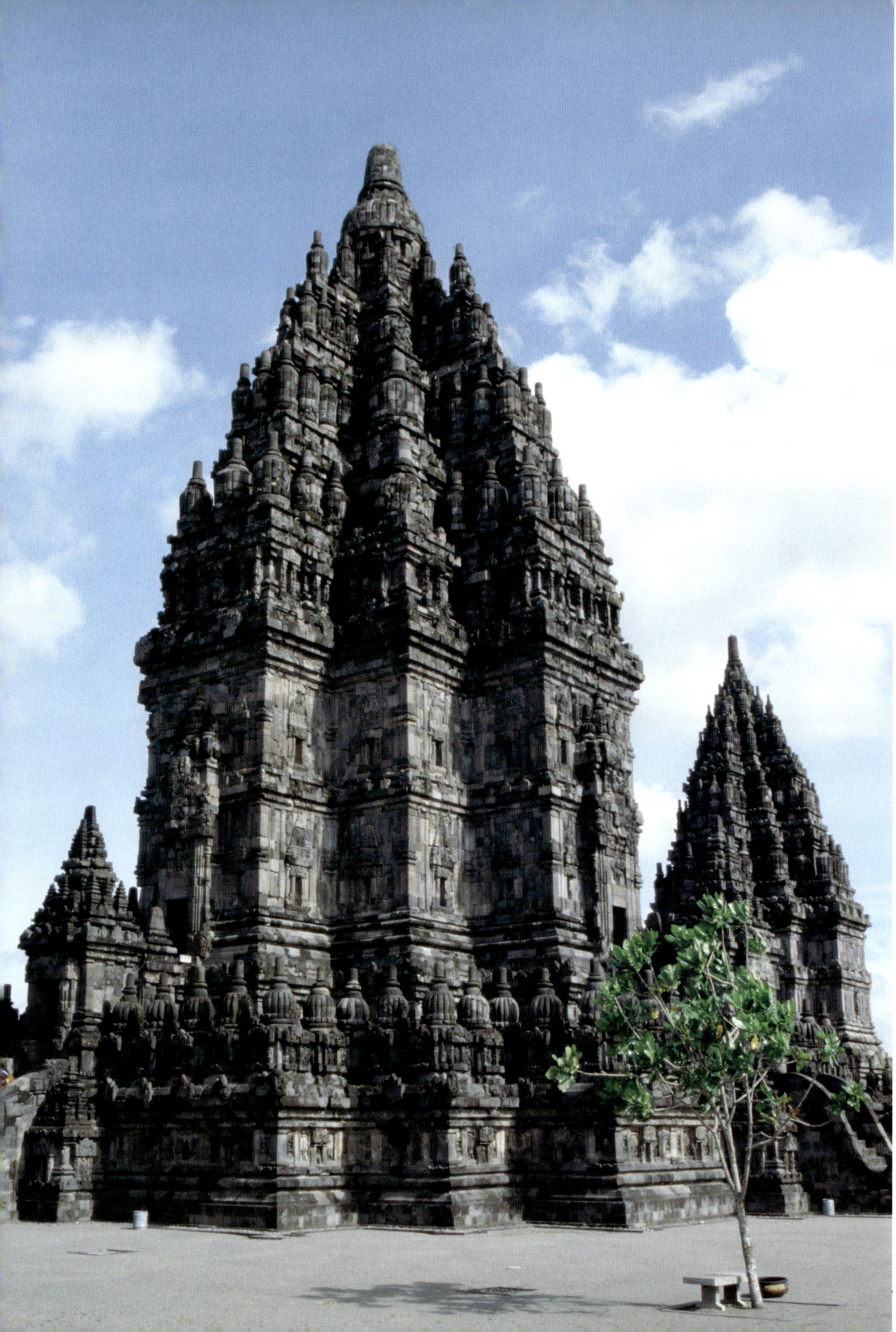

バリ島の棚田（たなだ）

　平地が少なく，人口密度が大きい島，バリ島にも棚田がある。棚田は地理の学習テーマとしてよく取り上げられてきた。しかし，バリ島では今，島内観光ルートの一つに棚田が組み込（こ）まれている。確かに長い年月をかけて整備されてきた棚田は美しい。人は先人の情熱に触（ふ）れて感動する。

熱帯の庭（バリ島）

　バリ島クタビーチのこのリゾートホテルには広い敷地の一角に大きい池がある。外国人が滞在するバンガローにはエアコンが設備されているが、ロビーやレストランにはエアコンはない。壁がないのだ。自然の風が吹き抜けるように、柱だけで大きな茅葺き屋根を支えている。湿度が高いのに、意外と暑く感じないのは池の上を吹いてくる風のお陰で、大都会では味わえない、自然の風の心地良さがここにはある。池の辺に立てば、静寂が支配していると思いきやそうではない。風の音だけではない。魚がはねる音、木の実が水面に落ちる音、固く巻いていた熱帯植物の大きな葉が突然に開く音、熱帯の庭は生命力に溢れている。

AUSTRALIA

オーストラリア連邦

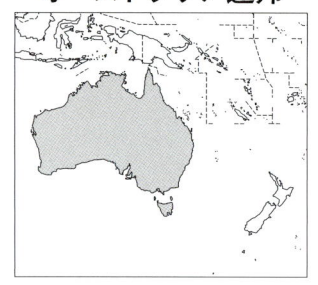

ウルル（エアーズロック）

　オーストラリアの中央部に世界最大級の一枚岩の山がある。ウルル，通称エアーズロックである。海抜867m，地上からの高さ348m，周囲約9kmの山で，先住民族アボリジニの聖地であったが，白人が侵入して観光開発し，「エアーズロック」と命名した。アボリジニは法廷で争い，ようやく「ウルル」の名を取り戻し，公園管理にも加わるようになった。現在この周辺は「ウルル・カタジュタ国立公園」に指定され，世界遺産にも登録されている。また，ここを訪れる観光客のためのホテルやビジターズセンターのあるエアーズロックリゾートは20km以上も離れた公園区域外に置かれ，そのほとんどの建物は砂漠と同じ赤茶色に塗られるなど，環境と景観への配慮がなされている。

40

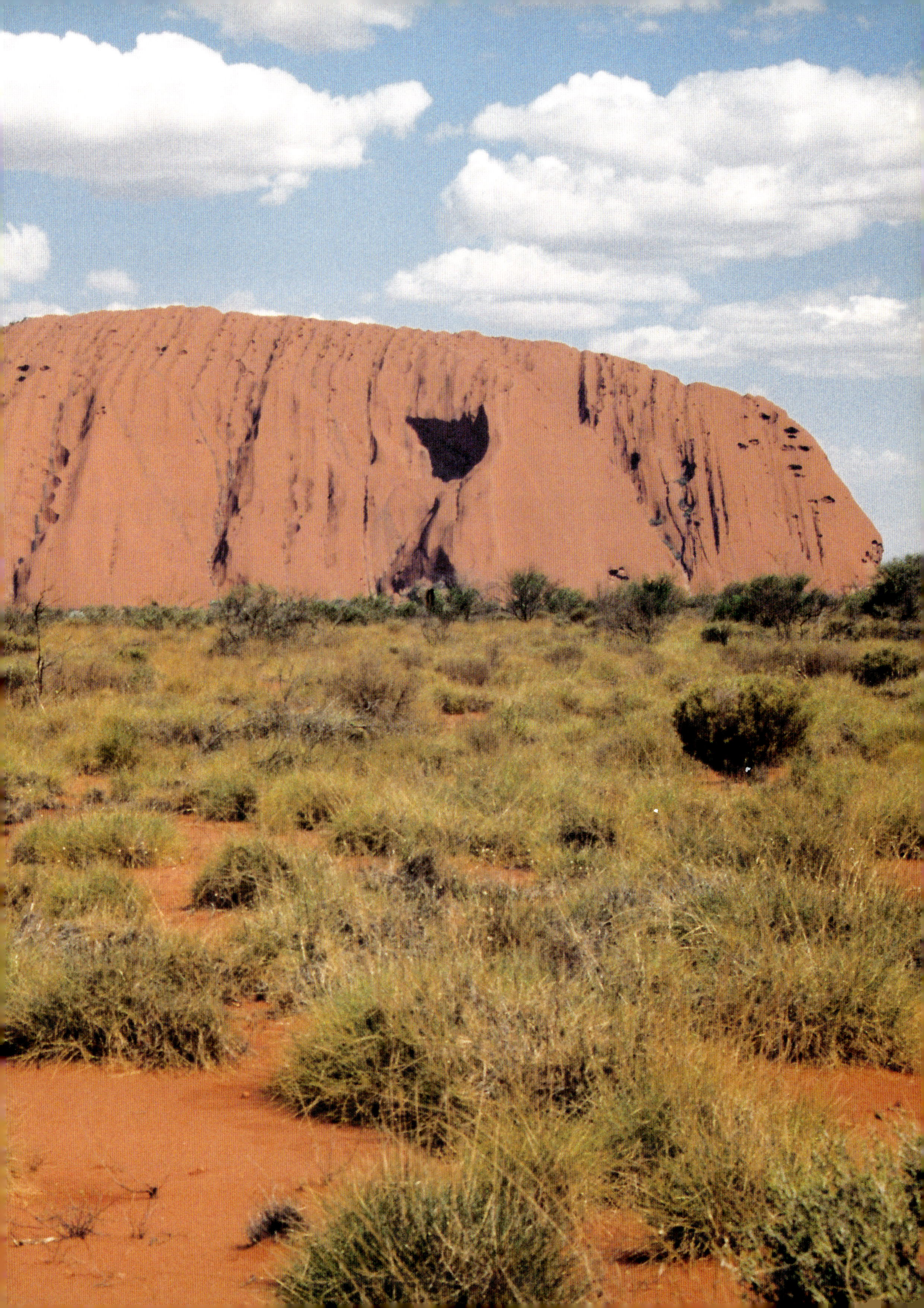

ウル中腹より見たカタジュタ

　ウルルの登山口は西側にあり，最初の急傾斜部分は鎖を伝って登る。その先の平らに見える部分は，実際には浸食が進んで狭い谷が多く走り，崖の登り降りを繰り返すような部分が多い。頂上からは360度赤茶色の砂漠が地平線まで続く大パノラマを楽しむことができ，地球の丸さを実感できる。地平線に変化を与えているのが西方約30kmにあるカタジュタの岩群である。登山口へ向かって降りる途中で，何回となく雄大なカタジュタを目に焼き付けることができる。

カタジュタ（オルガ）

　ウルルが1枚岩であるのに対し，カタジュタは「たくさんの頭」の意味があり，36の巨岩（きょがん）で構成される岩群である。カタジュタもアボリジニの聖地で，オルガはその通称（つうしょう）である。標高1069m，地上からの高さ546mで，ウルルより高さ・広がりともに上回っている。

ケスタ地形（アリススプリングス付近）

　オーストラリア各都市を結ぶローカルフライトに乗ると，沿海上空では景観の変化を楽しむことができるが，内陸上空では行けども行けども砂漠で，それにわずかな変化を与えているのがワジ（かれ川）である。そんな中に大きな変化を与える地形がある。ケスタ地形である。場所はアリススプリングス付近で，グレートアーテジアン（大鑽井（だいさんせい））盆地の西側の縁（ふち）に当たる地域にあり，しかも後斜面が東側，急崖（きゅうがい）が西側になるので，ケスタ地形の特徴（とくちょう）を備えている。

43

蟻塚（ダーウィン郊外）

　熱帯サバナ気候の草原に見られる白蟻の巣である。高さは3m程あり，築50年という。木造住宅以上の耐用年数があり，しかも何代もの相続をし，補修と増築をしながら現在もここに住んでいる。白蟻は社会性昆虫の代表格として恥じない真面目さである。

カカドゥ国立公園の湿地

　オーストラリア北部，アーネムランド半島に広大な国立公園がある。ここには，わにが生息する川，ワラビーやカンガルーが住む熱帯サバナの草原や林，280種以上の野鳥の楽園となる沼，その他多くの小動物を育む湿地やマングローブ林などがあり，こうした自然の恵みの中で生きてきたアボリジニが残した壁画が点在する。このような自然と文化を保護するために，カカドゥ国立公園は世界複合遺産に登録されている。

　この公園の面積は2万㎡近くあり，四国よりやや広いので，隅々まで見て廻るのはむずかしいが，一部を歩いただけでわにやワラビーを間近で見，かささぎがんや大こうもりを双眼鏡で観察できた。しかし，最も美しいと感じたのは，水草が絶妙な配置で水面を飾る自然のままの湖沼である。

グレートバリアリーフの環礁

　北はニューギニア島との間のトレス海峡から南は南回帰線の少し南まで大陸棚の縁に沿って続く，2000kmを超える世界最大の珊瑚礁群である。ここには大小2500もの珊瑚礁があり，その形は堡礁が多いが，中には環礁もある。

ウォーターフロントの大都市，シドニー

シドニーは人口400万を超えるオーストラリア第一の都市で，1788年にイギリスからの移民がこの国に到着し，最初に造った都市である。以来220年間，貿易・工業都市として発展してきた。

シドニーのランドマークとされるのが，シドニー港に突き出た半島の先端に白く輝くシドニーオペラハウスとシドニーハーバーブリッジで（写真右側），その南側に整然とした高層ビル群（写真中央）があり，それらを取り囲むように広がる緑の多い住宅地。空から見ると，リアス海岸に立地し，入り組んだウォーターフロントの長所を生かした都市であることがわかる。

パースの中心部

　オーストラリアの3分の1を占める広大なウェスタンオーストラリア州，その州都パースはスワン川の辺に開けた美しい街である。住みたい街No.1といわれる理由は，年間を通して温暖な気候，古い建物と近代的な建物が調和して市街地自体が美しい，白鳥が遊ぶスワン川沿いの地区はもちろん，市街地にも数多くある緑地，インド洋に面したビーチが美しい，などいろいろいわれるが，そのどれもがこの都市の特徴をいい当てている。

NEW ZEALAND

ニュージーランド

ミルフォードサウンド

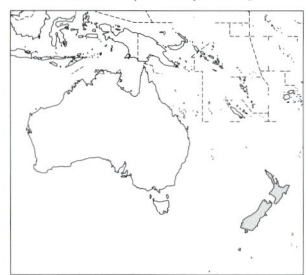

　ニュージーランド南島南西部には数多くのフィヨルドがあり，この地域はフィヨルドランド国立公園に指定され，これを含めてテ・ワヒポウナムの名で世界自然遺産に登録されている。写真は代表的なフィヨルドの一つ，ミルフォードサウンドの最奥部にある船着場から見たU字谷である。美しい曲線を描いているが，その手前にあったかつての氷河本流に流れ込む一つの支流にすぎない。なお，写真右奥の山がマイターピーク（海抜1692m）で，海から直接聳える山では世界一の高さである。

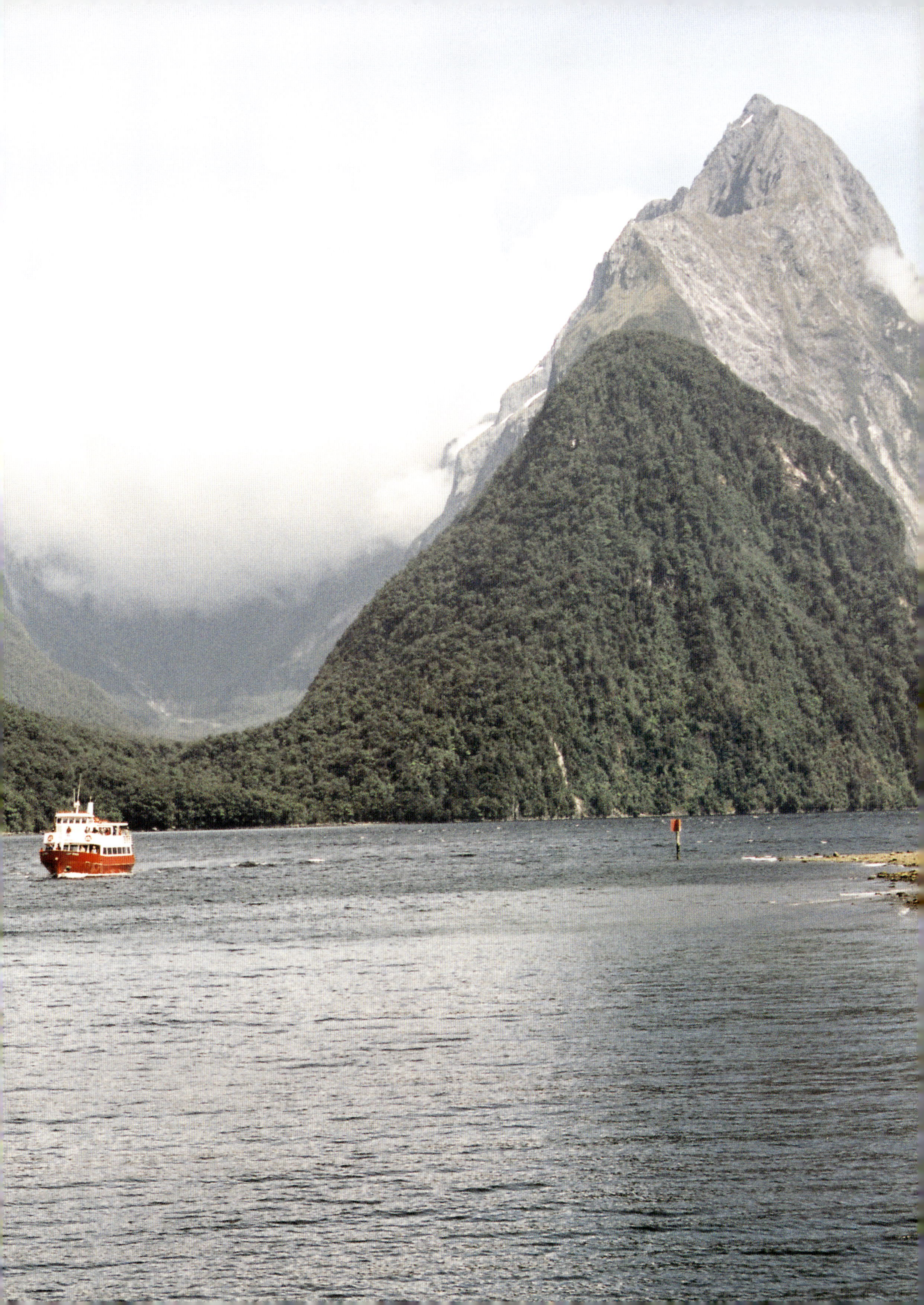

ミルフォードサウンドの谷壁

谷壁の高さは場所によっては1000mを超え,水面下に300m以上も続いている。氷河の力のすごさがわかる。しかし谷壁に近付いて見れば,そこはじゅうたんのような苔に覆われていたり,盆栽のような樹木が崖にしがみついていたり,何本もの細い滝が見え隠れするなど,箱庭のように美しく,自然の厳しさと共に優しさも見せてくれる。

アオラギ（クック）山

　日本における富士山と同様に，アオラギ山はニュージーランドの象徴である。プカキ湖に沿った道路を北上するに従い，アオラギの勇姿は徐々に大きくなる。ただしそれを撮影しようとカメラを取り出すと，次の瞬間には頂上が雲に隠されてしまう。高貴な姿はそうたやすくシャッターを切らせてはくれない。

ブループール（マカロラ川）

　ニュージーランドの湖沼や河川の水は一般的にきれいで澄んでいる。幹線道路から少し森に入ったところにあるこの川は，淵になったところでも川底の魚が見えるほど透明度が高く，「ブループール」と呼ばれている。

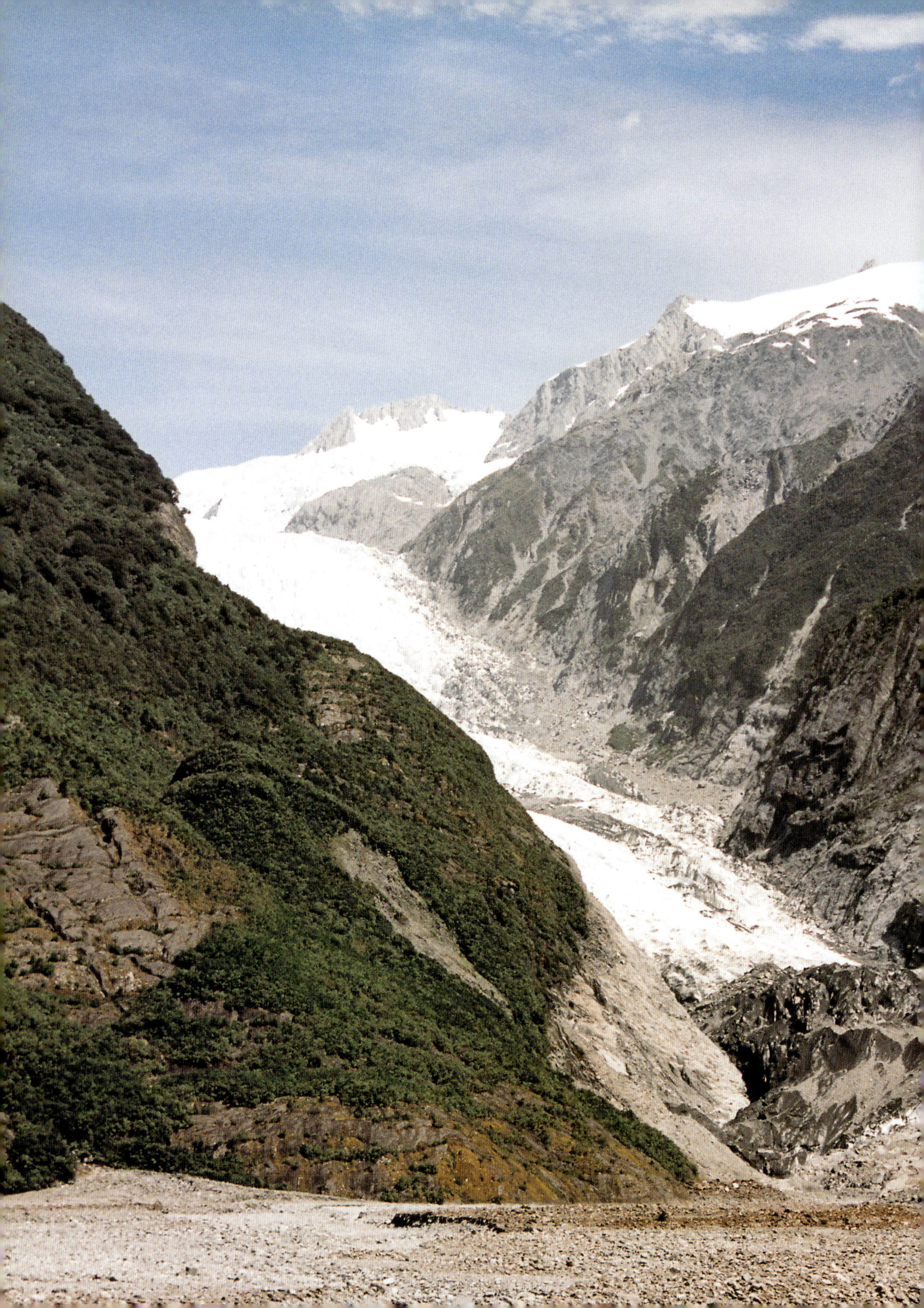

フランツ・ジョセフ氷河

　サザンアルプス山脈の主峰アオラギ（クック）山から西側に流れ出す氷河の代表的な一つである。現地に立つ案内板によれば，写真手前の河原のようなところは，50年前にはまだ氷河に覆われていた。後退の速さに驚かされる。今，この氷河はエンドモレーン（終堆石）を先端に残して，すごすごと足早に舞台から去ろうとしている名優のように見える。観客に何かを訴えながら…。

クインズタウン

　サザンアルプス山脈の南部，氷河の洗礼を受けた山々に囲まれたワカチプ湖はニュージーランド第三の面積をもつ。その湖畔に広がるクインズタウンは，かつては金鉱の拠点として，現在はリゾート地として人気がある。手前の入江の奥に当たるところが街の中心部である。ここから徒歩５分でロープウェイ乗場，急傾斜のロープウェイに乗れば，数分で空から見たようなこの景観が得られる。

ワナカのショッピング通り

　ニュージーランド南島は北海道と同じような緯度にあるが，南極のオゾンホールの影響かどうかわからないが，北海道より紫外線が強いような気がする。外に出るとすぐに日焼けするので，必ず帽子をかぶり，できるだけ日陰を歩き，日陰のベンチを選ぶ。ニュージーランドの人々は逆で，日の当たるところを歩き，日の当たるベンチを選ぶ。紫外線の害を心配するより，自然に親しむことに貪欲なのだろう。

道端のルピナス

　南半球の夏である1月に南島を周遊すると，各地でルピナスに出会うことができる。花は紫・ピンク・白とそれらの組み合わせで，野原や川岸だけでなく，郊外に出れば幹線道路の道端にも群生している。

CANADA

カナダ

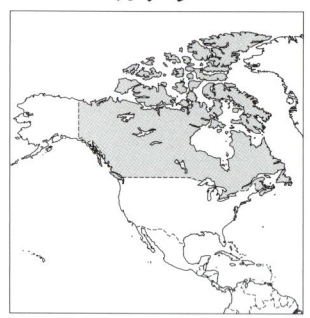

アサバスカ川の谷
(ジャスパー国立公園)

　北アメリカ大陸の背骨，ロッキー山脈はさまざまな大自然を見せてくれる。その中でカナディアンロッキーの顔は氷河である。現存する氷河を比較的簡単に間近で見せるだけでなく，その上を歩かせてくれる。

　ブリティッシュコロンビア州とアルバータ州との境界はカナディアンロッキー南部の大陸分水嶺に重なっており，境界の少し東側を並行して走る道路「アイスフィールド・パークウェイ」を通れば，大自然の博物館に入ったようなものである。道路端には湖・滝・氷河・展望台などの案内板が次々と現れ，感動の舞台に導いてくれる。しかし，それだけではない。何の案内板もないパークウェイの道路脇に突然現れたマウンテンゴートを追って林の中に50m程入ったところで，目にしたのがこの景観である。すなわち，案内板がなくても，自然景観はどこでも美しいのである。かつての氷河によって削り磨かれたU字谷の谷底は針葉樹に覆われ，自然の研ぎ澄まされた美しさを見せてくれる。

56

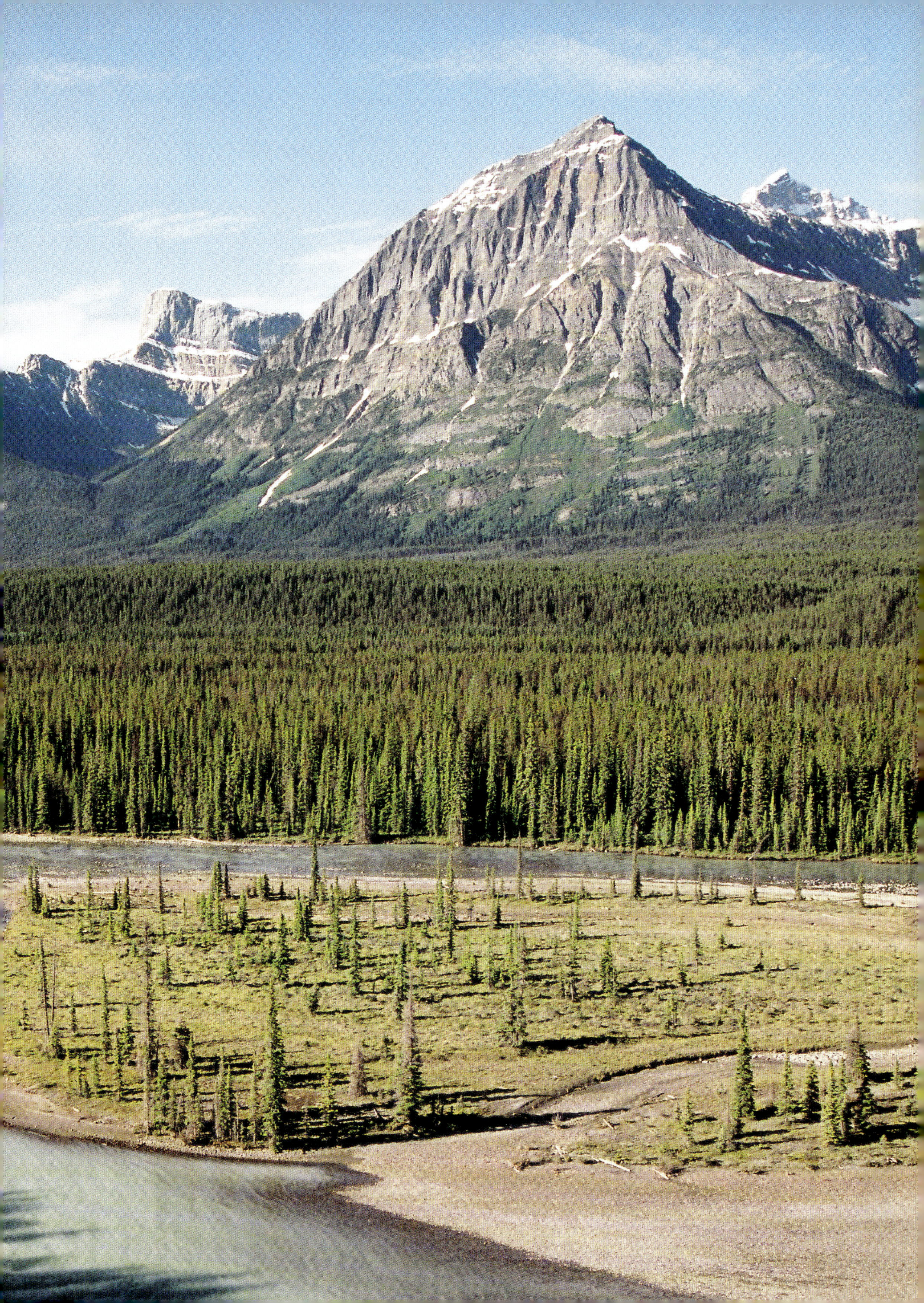

ジャスパー郊外のマウンテンゴート

ジャスパーからパークウェイを南下し始めてすぐに，前を走る車が徐行した。それは前方に野生動物がいることを示す合図だ。案の定，そこには数頭のマウンテンゴートがいた。車を右側路肩に止め，カメラを持って下車してマウンテンゴートに近付いた。動物は一定距離以上に近付くと警戒態勢に入り，逃げるか攻撃するかの選択を迫られて緊張状態に入るので，人間の側が一定の距離以上に近付かないようにしなければならない。この場合は15m程である。朝のやわらかい光の中で，マウンテンゴートが舐めている白い土は，ミネラルが豊富に含まれる岩塩の層で，野生動物の栄養補給に役立っている。

サンワプタ滝（ジャスパー国立公園）

ともにコロンビア大氷原から流れ出るサンワプタ川とアサバスカ川が合流するところにサンワプタ滝がある。硬い岩盤を長い時間をかけて浸食してできた狭い水路を，雪解け水を集めて流れ落ちる。水量を増す初夏はとくに迫力がある。

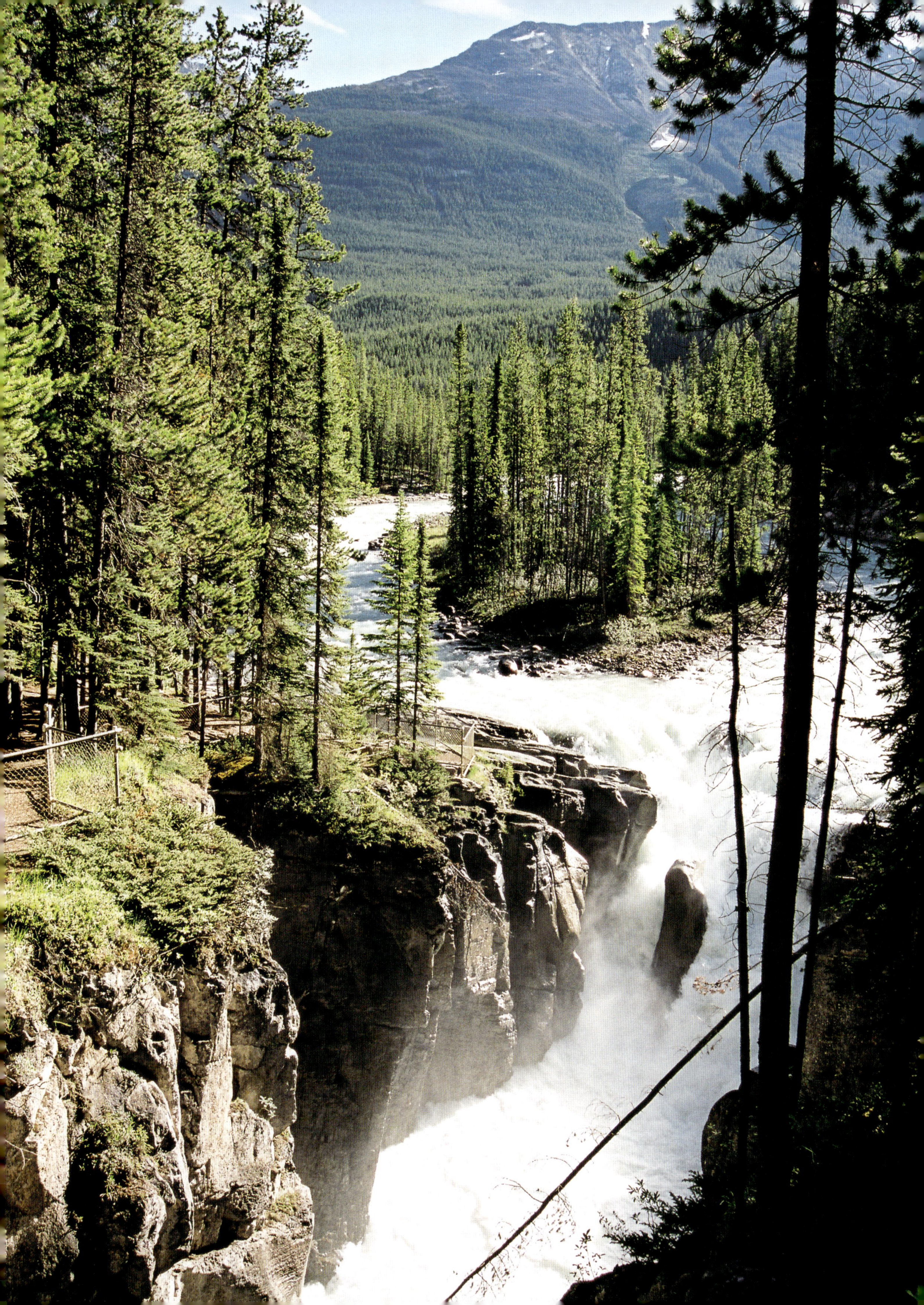

サンワプタ峠

ジャスパー国立公園とバンフ国立公園とはこの峠が境界になっている。両公園を縦貫する「アイスフィールド・パークウェイ」は，ここで大きなカーブを描いて，この峠を越える。北極海・大西洋・太平洋の分水嶺となるコロンビア大氷原が近くにあり，峠付近にはU字谷が迫り，川の流れが逆になることから，分水嶺を越えたことを実感できる。

アサバスカ氷河（ジャスパー国立公園）

　この氷河は，北極圏外では北半球最大の氷原をもつコロンビア大氷原から流れ出す氷河の一つに過ぎないが，近くで見ればその大きさに圧倒される。氷河の末端から少しさかのぼった右岸近くの小さな黒い影は大型雪上バスである。このバスで氷河の上に運んでもらい，氷上を歩くことができる。クレバスからのぞけば，青味がかった氷の深い亀裂が見える。氷河末端には低いモレーンがあるが，5年前と比べれば，10m近く氷河が後退している。温暖化の影響がここでも顕著に現れている。

枯れた針葉樹林（ゴールデン付近）

　国道1号線沿いには多くの湖があり，ところどころの湖岸にはレストエリアが設けられている。湖水の透明度はどの湖も高く，この湖も湖底まではっきり見えて美しい。この美しさを台無しにしているのは，対岸の斜面にある枯れて茶色になった針葉樹林である。5年前にはこんな風景を目にすることはなかったが，今回は茶色の針葉樹林があちこちで目に入るのである。
　気温が高い年，低い年，降水量が多い年，少ない年など，気候が変動する中を何百年も生き続けてきた針葉樹を，人間は強い存在と思い込んできたが，実際には1度か2度気温が高い年が数年続くと，害虫が急速に繁殖して針葉樹を枯らしてしまうのである。現在の環境がいかに人間に優しい状態で存在しているか，そしてそれは人間が考えるより以上に微妙なバランスの上に成り立っているか，ということを人間は認識する必要がある。

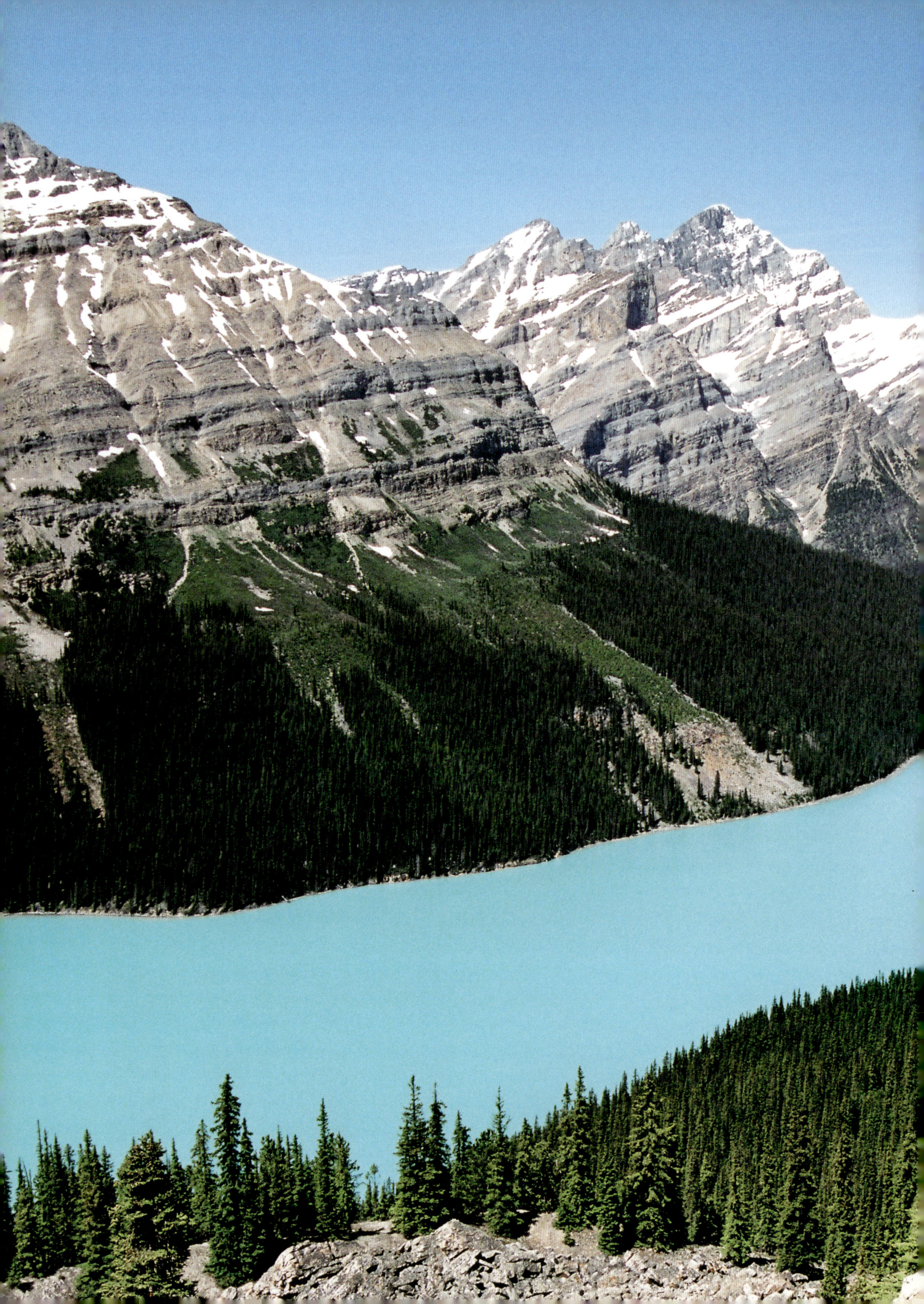

ペイト湖（バンフ国立公園）

　バンフ国立公園は，世界で3番目に古い1885年に指定された国立公園である。その中には氷河が造ったさまざまな景勝地があるが，ペイト湖はこの国立公園の中でも最も人気のある景勝地の一つである。それは湖水の色が季節や時間によって変化するからである。針葉樹に囲まれていて，その深い緑色と湖水のエメラルドグリーンとのコントラストが大変珍しく美しい。

ケベックの中心部（ケベック州）

　この街を歩くと，耳に入る言葉も目に映る看板もレストランのメニューも全(すべ)てがフランス語である。住民の95％がフランス系なのである。そして，400年前の面影(おもかげ)を残した街並は，まるでパリの裏街を歩いているようだ。ケベック州に独立運動があったこともうなずける。

カナダ国会議事堂（オタワ）

　現在のカナダの首都は，1859年に英語圏とフランス語圏の境界にあったオタワに決まった。オタワは整然とした街並みと緑地が多い美しい町である。最初の国会議事堂は火災で失い，1922年にこの議事堂が再建された。重厚な建物であるが，ロンドンのビッグベンとパリのルーブルの折衷案のようで，建物の設計にも言語圏のバランスに配慮したように見える。

早朝のモントリオール国際空港

　空港に着いた5時頃には，滑走路を示すライトだけが輝く，真暗な空間が広がっていたが，その2時間後，出国手続を済ませて飛行機に乗り込み，滑走路に出たときには，東の空は真っ赤に染まっていた。

65

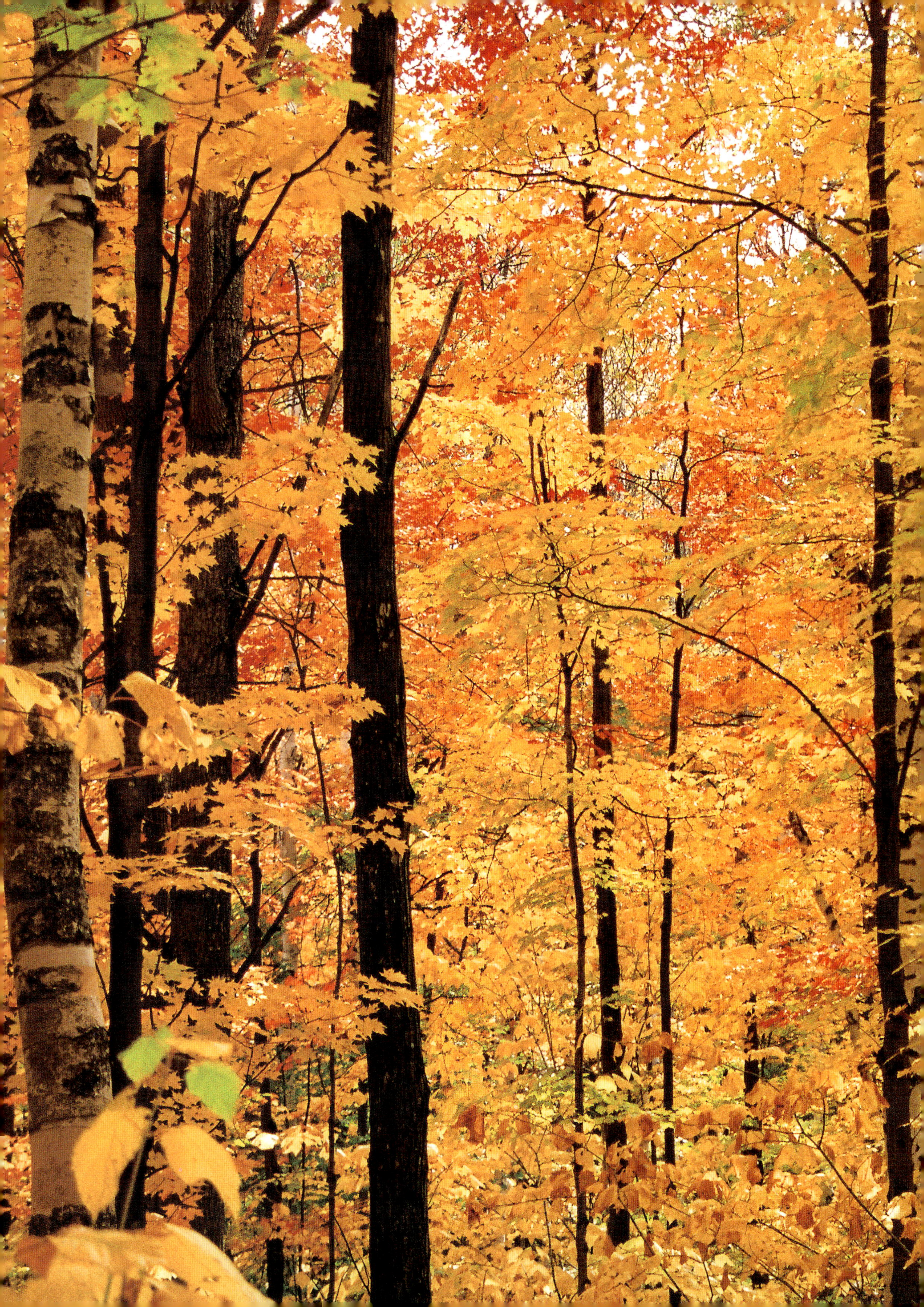

アルゴンキン州立公園の紅葉

カナダの国旗にデザインされているかえでは、間違いなくカナダを代表する樹である。とくに、カナダ東南部のこの公園の樹種は圧倒的にかえでが多い。かえでは秋になると、緑から黄・橙・赤へと変化するが、1本の樹の幹から遠い部分から順に変化するので、時期によっては林に入ると黄や橙が、林の外側からは赤一色に見えるということになる。いずれにしても、近くで見れば、どこの一場面を切り取っても、金箔を使った屏風絵のようにすばらしく、上空から見れば、真紅のじゅうたんを地平線まで敷き詰めたような華やかさに感動する。

U.S.A.

アメリカ合衆国

グランドキャニオン国立公園
(アリゾナ州)

　アメリカ合衆国には，雄大で美しい景観が数多くあるが，その多くが国立公園に指定されており，観光資源としてはどれも一級である。世界で最初に国立公園の制度を作った国だけに，国立公園へのアクセス，宿泊施設，情報提供，維持管理などの面で大変すばらしい。とくに公園の維持管理は資格を持ったパークレンジャーが担当し，資源保護の使命を果たしている。

　アメリカ合衆国本土にある国立公園の3分の2はロッキー山脈以西にある。グランドキャニオンはその代表的公園で，大峡谷が東西450kmも続き，公園面積は東京都と神奈川県を加えた面積より広い。コロラド川の浸食により大峡谷ができたが，この公園に特別の価値があるのは，20億年前までの地層がここだけで見られることにある。このため，この公園は世界自然遺産に登録されている。地質学に興味がなくても，対岸まで30km，眼下のコロラド川まで1600mという景観の雄大さ，時間によって色が変わる峡谷の美しさを見るだけで，十分満足させてくれる。

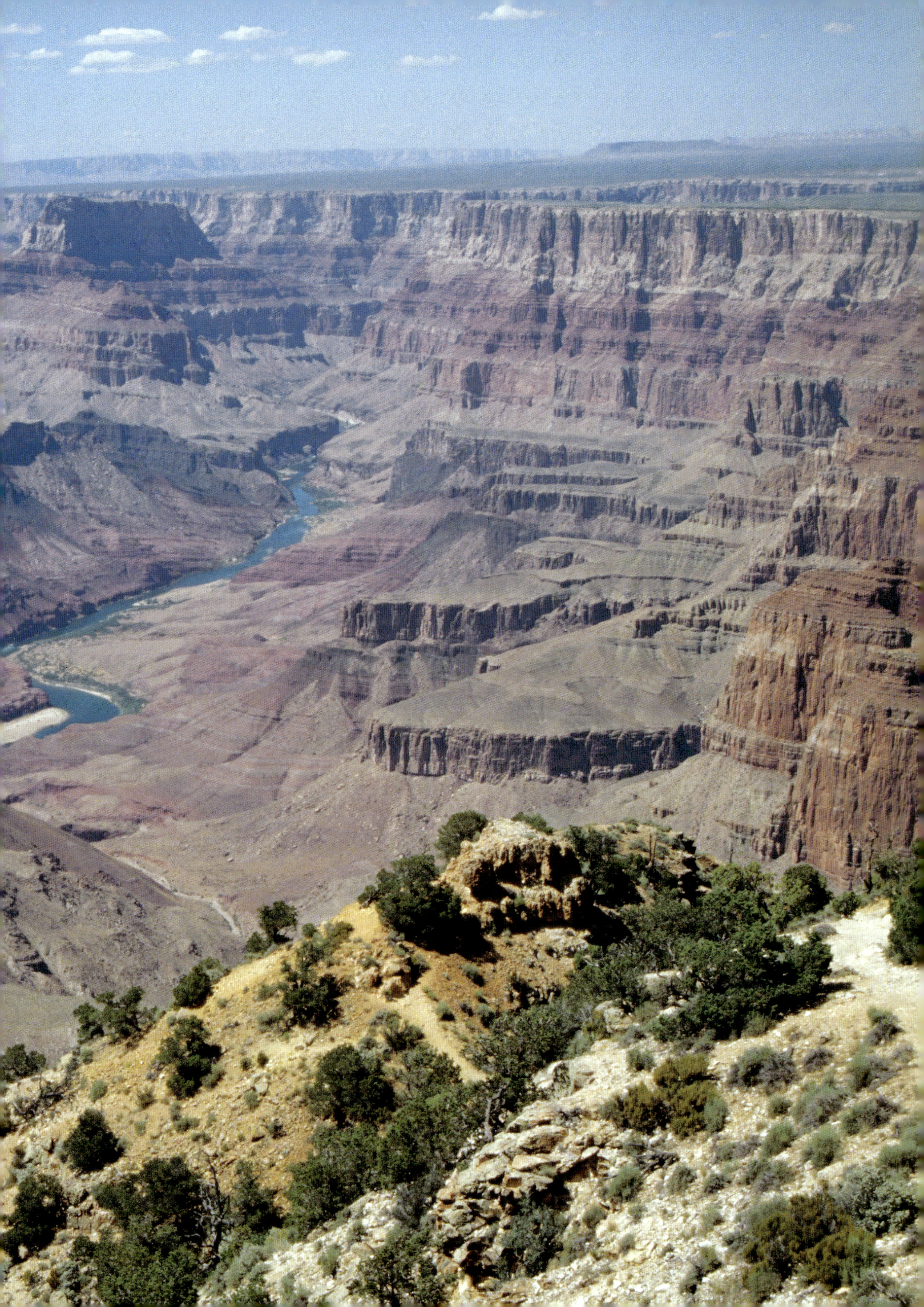

イエローストーン国立公園（ワイオミング州）

　この公園は1872年世界で最初に誕生した国立公園で，面積は四国の約半分である。この地には大火山があって，その噴火によってカルデラができ，そこに水が溜ってイエローストーン湖ができた。その周辺には間欠泉，噴気孔，石灰テラスなど多くの熱水現象がある。この公園の象徴的存在が「オールド・フェイスフル・ガイザー」と呼ばれる間欠泉である。約65分間隔で4分間ほど50m前後の高さに噴き上げる。120年以上も一定の噴出時間，間隔と高さを保っているので，「フェイスフル」（忠実な）の名がつけられている。この公園も世界遺産に登録されている。

イエローストーンの主役たち

　この公園には，熱水現象のほかに，峡谷や滝，森や草原，そこに住む野生動物などさまざまな顔がある。中でも大型の野性動物が野生の姿そのままを間近で見られるのが魅力である。アメリカバイソンは通称バッファローと呼ばれて親しまれ，一時乱獲で絶滅寸前にまでなったが，その後保護され，3万頭程まで回復しつつある。バッファローの毛は春から夏にかけて生え変わるが，毛が密生しているため，抜けた冬毛がなかなか落ちない。したがって，部分的にボロボロの毛皮を着けたまま夏を過ごすことが多い。

グレーシャー国立公園（モンタナ州）

　ロッキー山脈の背骨に当たる大陸分水嶺がこの公園の中で分岐し，ハドソン湾斜面の分水嶺にもなる。3000m級の山々が連なり，氷河が造った鋭い山頂，U字谷，澄んだ水をたたえた湖が美しい。この公園はカナダのウォータートンレイク国立公園と国境をはさんで接し，両者を合わせて国際平和公園となっている。写真はスウィフトカレント湖で，平和そのものである。ここも世界遺産である。

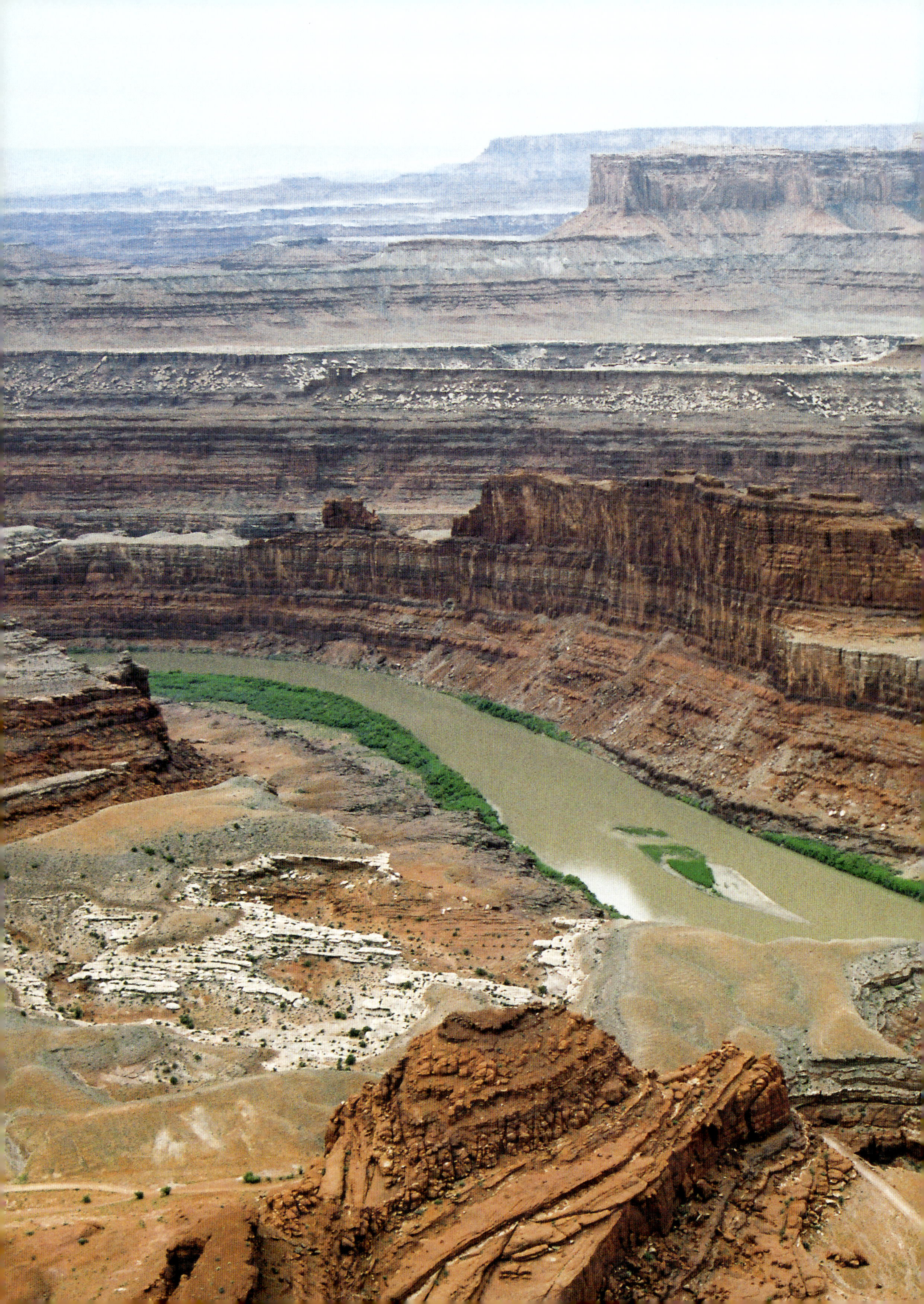

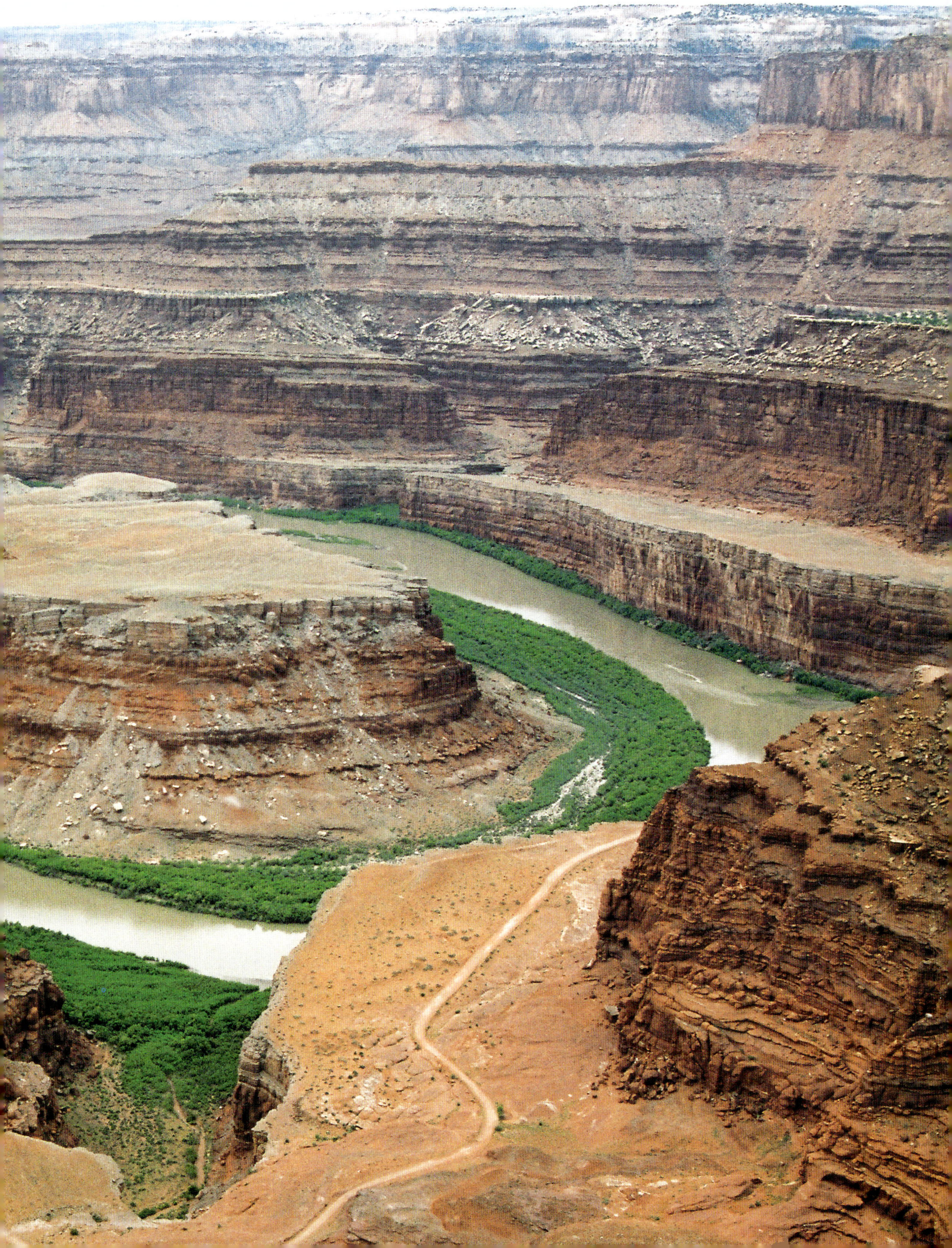

キャニオンランズ国立公園（ユタ州）

ロッキー山脈から西に向かって駆け降りてきたコロラド川は，コロラド州西部からユタ州に入る頃にはメサの荒野の中を流れて，そこに峡谷をつくる。一方，ワイオミング州西部から南下してきたグリーン川は，ここでコロラド川に合流する。水量を増したコロラド川は一層強い力で大地を掘り下げる。コロラド川が造ったこの谷は，3本の指をもつ恐竜が大地を深く削り取ったような形をしているが，中指の爪の先端に当たるところに見える道路脇に止めている自動車を見ることができるだろうか。自動車と比べれば，この地形の巨大さがわかる。

〈72-73ページの写真の説明〉

デッドホースポイント州立公園（ユタ州）

キャニオンランズ国立公園に隣接するこの州立公園では，コロラド川が180度蛇行する姿を見ることができる。

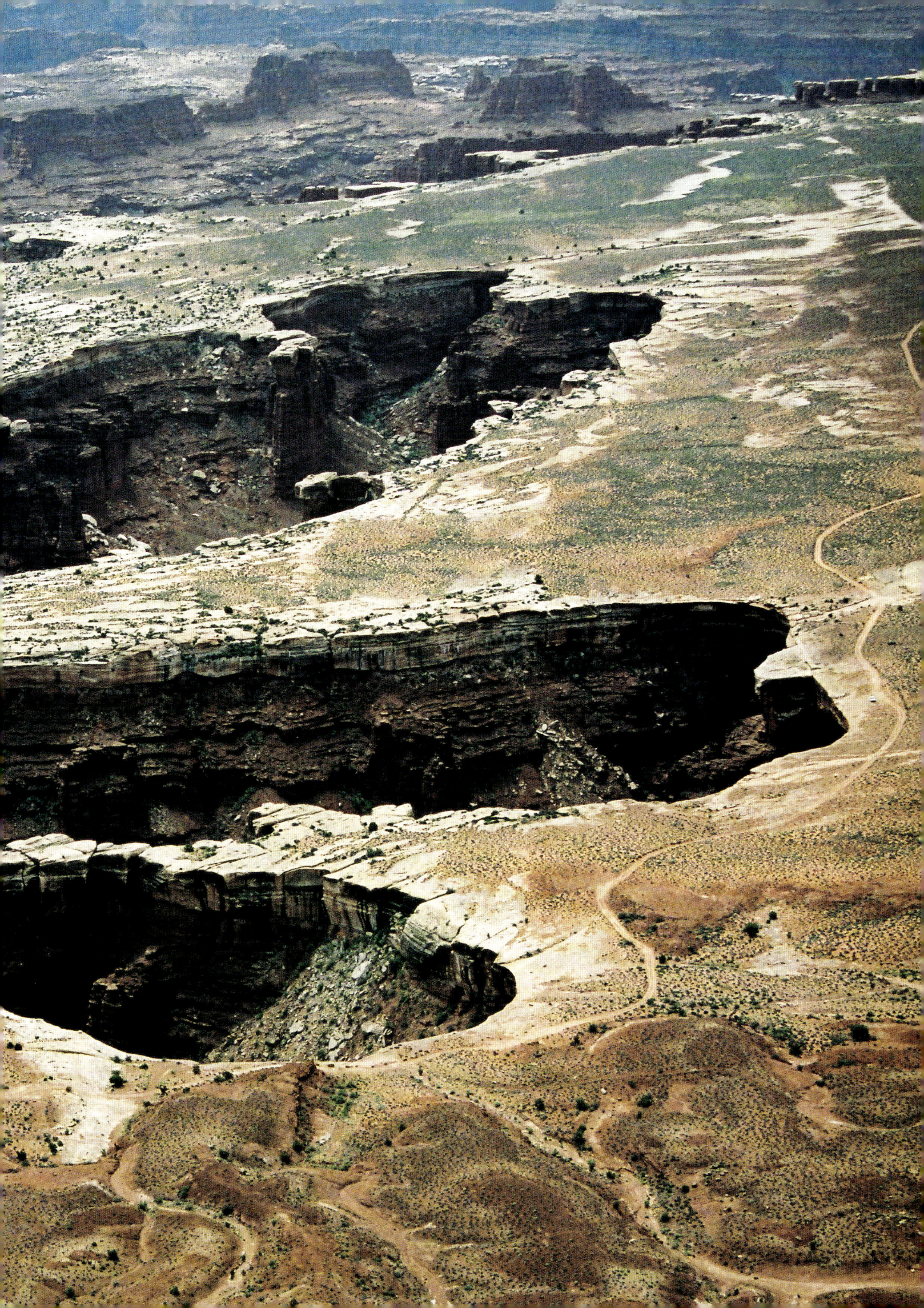

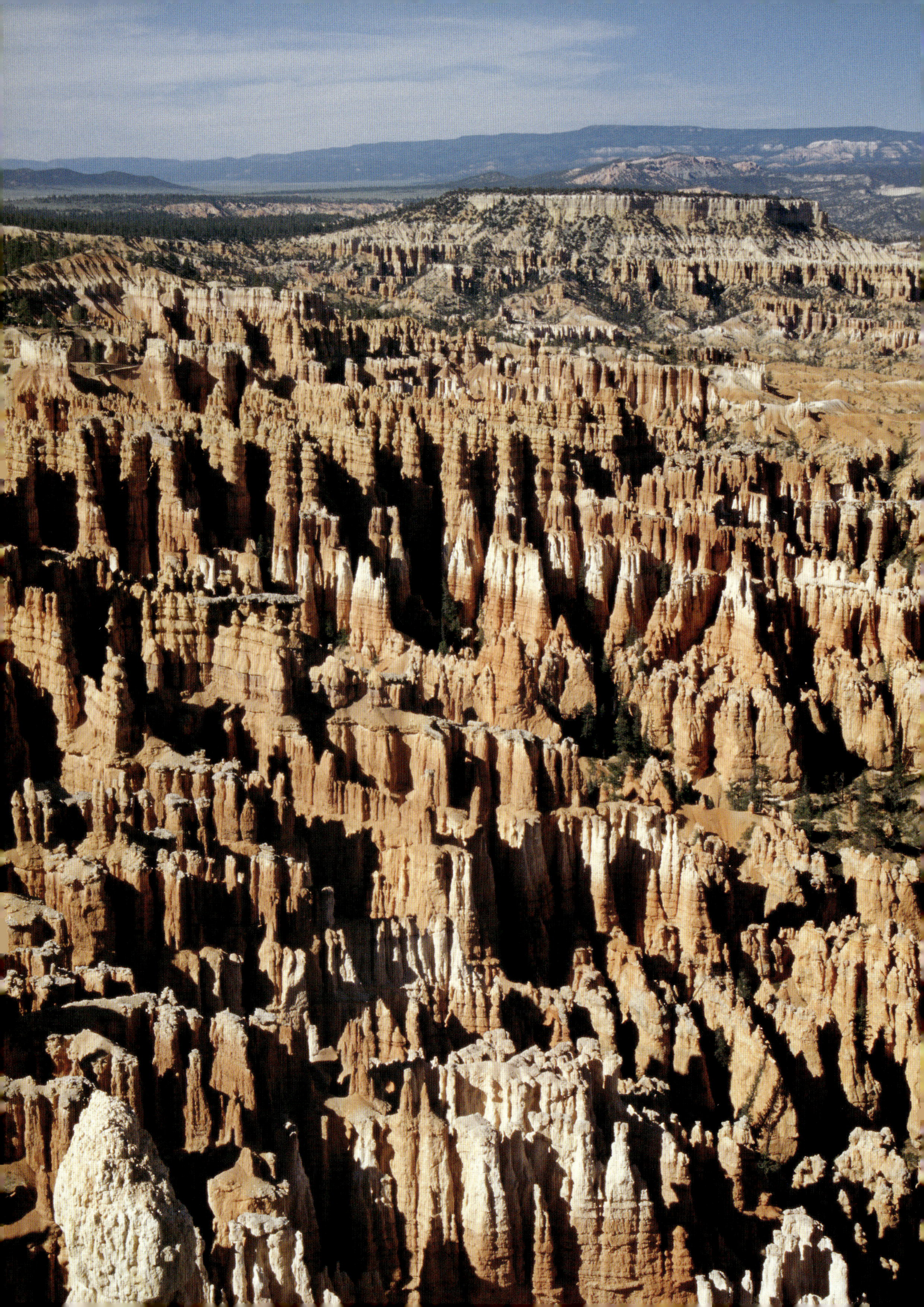

ブライスキャニオン国立公園（ユタ州）

　湖に土砂が堆積し，それが隆起してできた比較的新しい砂岩が，雨水に浸食されて尖塔群化した珍しい景観である。これを見て，トルコのカッパドキアを思い出すだろうか。それともニューヨークのマンハッタンを思い浮かべるだろうか。足元の崖もやがて尖塔群化し，さらに長い年月をかけて平地に戻っていく。

アーチズ国立公園（ユタ州）

　巨大な一つの岩塊を，長い時間をかけて割って削って磨いた結果，さまざまな形のアーチができた。大自然という名の彫刻家は立派な芸術家といわざるを得ない。この公園には約1500のアーチがある。丈夫な橋のようなアーチ，今にも崩れそうな弱々しいアーチなどいろいろあるが，近寄ってみると，どれも意外と大きい。

ロッキー山国立公園（コロラド州）

　この公園には標高4000mを越える山が14もあり，中央部を大陸分水嶺が縦断している。公園内の場所による標高差が大きく，草原や森林から短時間でツンドラの植生が見られる場所に行くことができる。植生の変化に応じて，さまざまな野生動物を見ることができるが，写真は森林限界を越えた辺りで草を食むエルクの群である。

モニュメントヴァレー（アリゾナ州）

　アメリカ映画の西部劇でお馴染みの風景である。ここはメサとビュートが主役の荒野で，メサの陰から今にも幌馬車が白い砂塵をあげて走り出てきそうだ。ここで撮影された映画は「駅馬車」「荒野の決闘」「アパッチ砦」「黄色いリボン」「幌馬車」など，挙げればきりがない。近くで見るメサは意外に大きく，高さは300m程である。ここはナバホの人々の居留地内で，ナバホの人々がこの公園の管理・運営をしている。

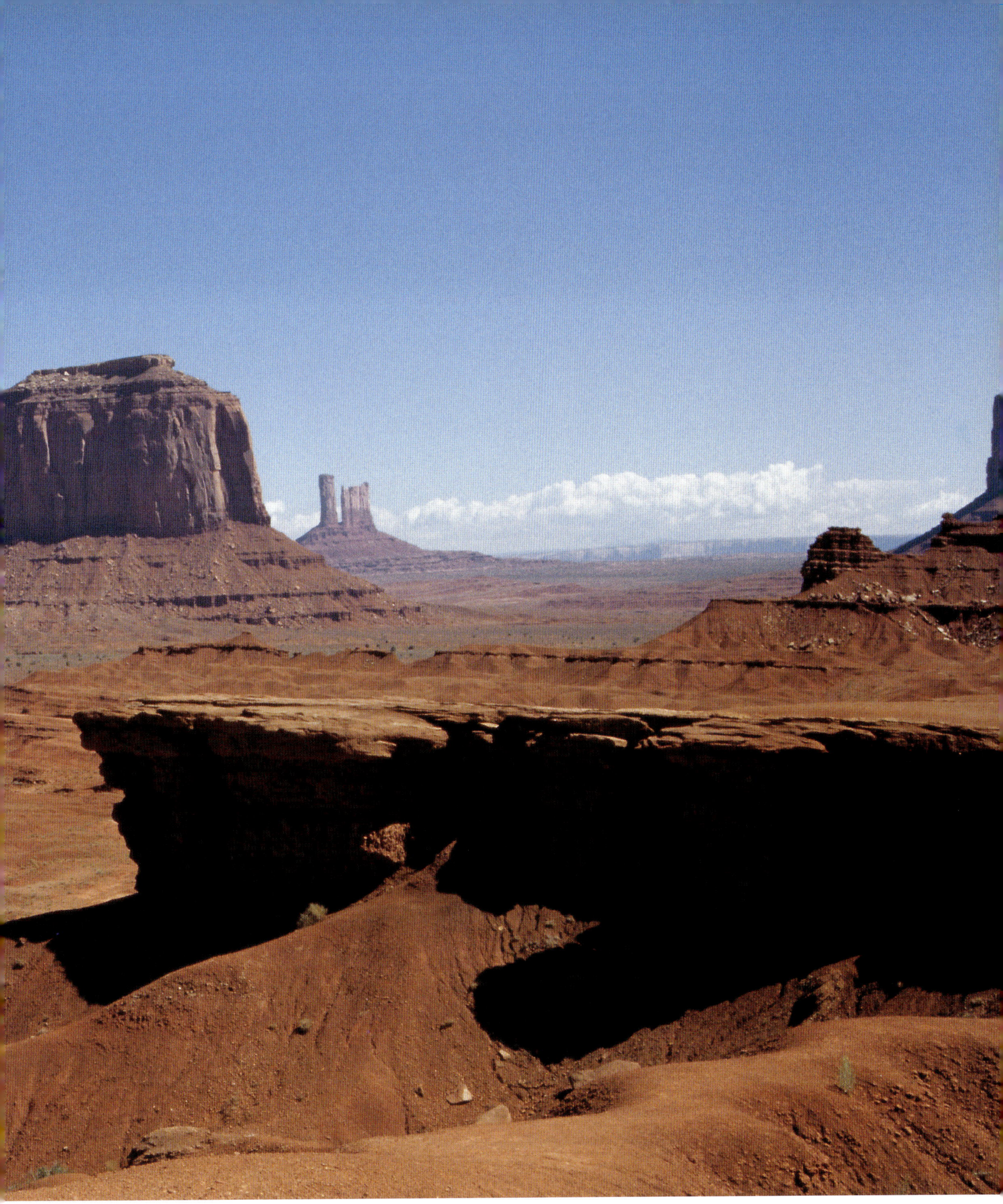

キャニオンデシェイ（アリゾナ州）

　この公園もナバホの人々の居留地内にあり，現在も少数のナバホの人々が住んでいる。キャニオンデシェイとは「岩の峡谷」の意味で，高さ300mの垂直の断崖が続き，峡谷の谷底が彼等の生活の舞台になっている。写真中央の「スパーダーロック」は高さ244mで，彼等の信仰の対象になっている。

ペトリファイドフォレスト国立公園（アリゾナ州）

2億2500万年前の中生代三畳紀の頃に繁茂した杉や松が嵐や洪水で倒され，流されてこの辺りに集積し，土砂や火山灰に埋められたため腐敗せずに火山灰に含まれる珪素によって石英の結晶ができた。このようにしてできた化石は，大地が浸食されて地表に現れたが，化石を含む地層は地下90mまであるといわれている。

カールズバッド洞窟群国立公園（ニューメキシコ州）

ニューメキシコ州の南東部にあるこの洞窟群は世界最大級の鍾乳洞群である。シャンデリアのような繊細な鍾乳石から，直径3m，長さ10m以上の石筍まである。また間口・高さとも2m程の照明に輝くかわいい舞台のように見える鍾乳石群がある一方，その近くには高さ80m，広さはサッカーグランドが14面も入る巨大な空間もある。次から次へと現れるさまざまな形の鍾乳石や石筍は照明に映えて美しく，それらを包み込んだ鍾乳洞の規模には圧倒される。

テキサス州北部のフィードロット

アマリロ郊外にある「カクタスフィーダース」という牧場には，18,000頭の牛がいる。放牧されていた周辺の牧場からここに集められ，アルファルファやコーンを中心とした配合飼料を与えられて肥育され，やがて大型トレーラーで東部の屠殺場に送られる。

ここで牛たちを動かすのはカウボーイである。西部劇映画で見たカウボーイは，現在の合理的経営をするフィードロットにおいても格好のよい主役である。

ニューメキシコ州南部の牧場

何時間走っても，同じような景色が続く荒野をドライブしていると，人家は見えなくても，門があるだけでホッとする。牧場の存在が確認できても，牛が見えることは希である。門の上の装飾がおもしろい。

テネシー州西部の綿花畑

　メンフィス北部には，広大な綿花畑が広がっている。コンバインが4列の綿花を摘み取り，1マイル先の圃場の境界で折り返して戻ってくると（上の写真），かごの中はいっぱいになる。これをトラクターが引く黄色のかごに移し，畑の一角に設けた臨時のステーションに運び，別のトラクターで運んで設置した圧縮機に入れる（下の写真）。圧縮した綿花を大型トラックが綿花工場に運ぶ。工場では自動整綿機に入れ，綿実とごみを取り除き製品にする。

　畑の臨時ステーション近辺は，トラクター，圧縮機，大型トラックのエンジンが唸りをあげ，まるで工場が出現したようだ。かつて，インドやタジキスタンで見たのどかな綿摘み風景とは別世界の綿花畑だ。世界第2位の綿花生産量をあげるアメリカ合衆国は，労働生産性では圧倒的に高い農業を実現している。

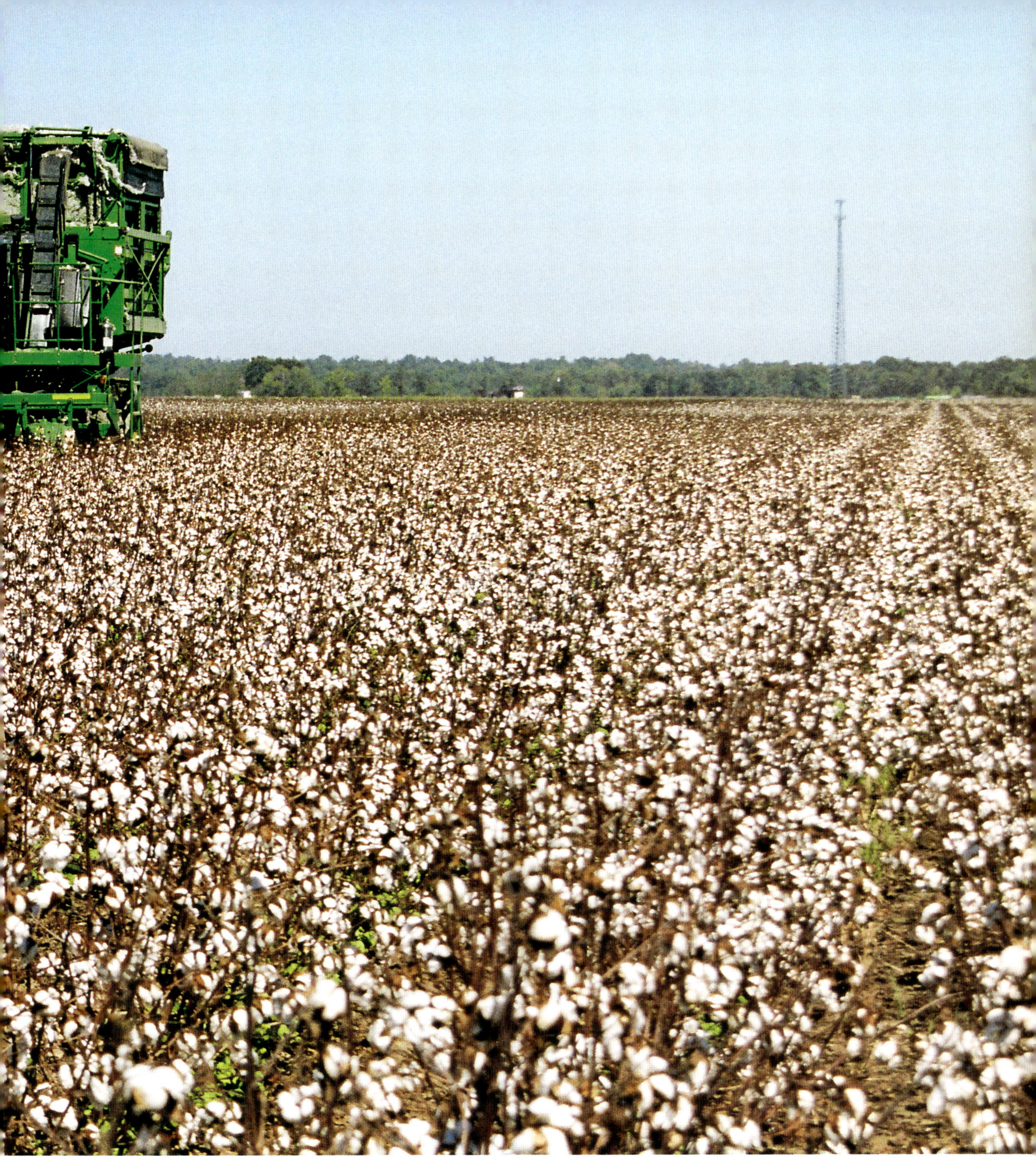

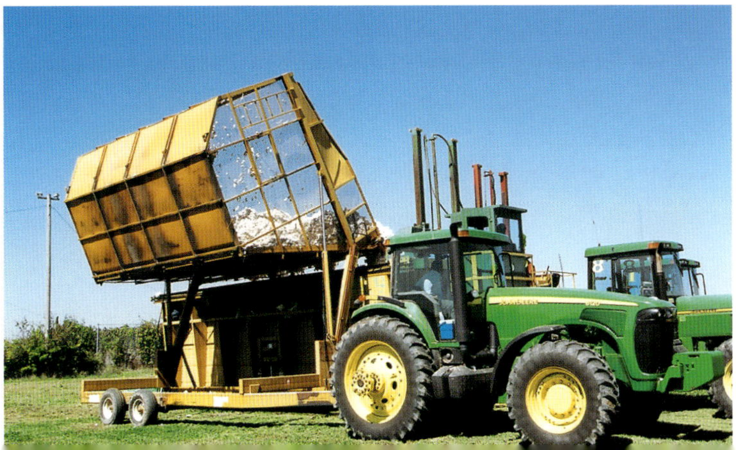

インターステート40号線（ニューメキシコ州）

　アメリカ合衆国のインターステート（ハイウェイ）システムは，わかりやすく定められている。東西を結ぶルートは偶数で，南側程若い番号がつけられている。幹線ルートは下1桁が「0」となる番号になっている。南北を結ぶルートは奇数で西側程番号が若い。幹線ルートは下1桁が「5」となる番号になっている。出入口にも番号がつけられているが，これは州毎に番号が「1」から始まる。すなわち，東西ルートなら西から，南北ルートなら南から，州境を越えたところから1マイル毎に番号が増えていく。したがって，東西ルートの西から次の州に入って「出口10」の標識があれば，西側州境から10マイル走ったと思えばよい。原則として1マイル毎に出口があるが，山岳部や砂漠などで出入口がない所もあり，「出口10」の次は「出口14」となったりする。都市部では，出入口が0.5マイルまたは0.25マイル間隔になることもあり，出口番号に「A」または「B」「C」をつけて表示する。入口には道路番号と共に方向が示されている。東西ルートならば「East」または「West」が示されているので，逆の方向に入ってしまうことが防げる。

　インターステート40号線はアメリカ合衆国を横断する幹線道路であって，貨物輸送の主役である大型トラックが多い。写真はニューメキシコ州西部の大陸分水嶺付近であるが，時速120kmの乗用車は，次々と大型トラックに追い抜かれる。

ハイウェイのレストエリア
（ニューメキシコ州）

　ハイウェイのレストエリアには，トイレ・ベンチ・ペットエリアと自販機だけの場合が多い。日本の場合のサービスエリアのような売店やレストランがあることはごく希である。それは治安上の問題があるためと思われる。このレストエリアにも3台の清涼飲料水の自販機があるが，いずれも鉄骨で固定し，丈夫な金網で覆ってある。また，ごみ箱や石にまでナショナルカラーが塗られているのは，愛国心の表れというより，常に国家への忠誠を求める機会が必要であるということかもしれない。

ハイウェイを走る家
（ジョージア州）

　インターステート75号線は，五大湖地方とフロリダを結ぶ幹線道路である。アトランタを出てしばらく南下した辺りでは，時折家を台車に載せて運ぶ風景に出会う。これから数ヶ月の間，マイアミ方面の避寒地で過ごす人たちであろう。

87

ケネディ宇宙センター（フロリダ州）

　ケネディ宇宙センターは，まずその広さに驚かされる。巨大な建物が敷地内に分散して建てられているが，それらを結ぶのは高速道路なのだ。それぞれの建物ではスペースシャトルの組み立てが行われていたり，本物のロケットが展示されていたりで，それらを見学することができる。
　1969年に人類初の月面着陸を成し遂げたアポロ11号は，ロケット（写真）をはじめ，月面着陸船，月面走行車なども実物が展示されている。この巨大なロケットは，アメリカ合衆国の力の象徴のような存在である。

ディズニーワールド（フロリダ州）

　ディズニーワールドの敷地は「市」に匹敵する広さがある。その一部に遊園地（マジックキングダム）があり，映画スタジオ（MGM）があり，サファリパークやウォーターパークがあり，ダウンタウンがあり，10以上のホテルもある。

　遊園地はさすがに大勢の人でごった返している。そのほとんどが子供連れの家族である。とくに人気が高いのは，おとぎ話の世界を再現したショッピング街とキャラクターたちのパレードである。目を輝かせる子供たち，それを見守る母親父親の目。ここには「平和」だけが存在する。

オーバーシーズハイウェイ（フロリダ州）

　フロリダ半島の先端から，約50の珊瑚礁の島々が西南西に伸び，42の橋で結んでUS-1号線が通っている。この道路はオーバーシーズハイウェイとも呼ばれ，世界で最も美しいハイウェイといわれている。この道路で最も長い橋がセブンマイルブリッジで（写真），全長6.79マイル（10.86km）ある。並行する橋（写真左側）は昔の鉄橋で，1935年のハリケーンで寸断され，1938年にUS-1号線が開通して鉄橋は不要になったが，そのままになっている。US-1号線の終点がキーウェストで，マイアミから250km離れており，マイアミよりさらに温暖な気候である。

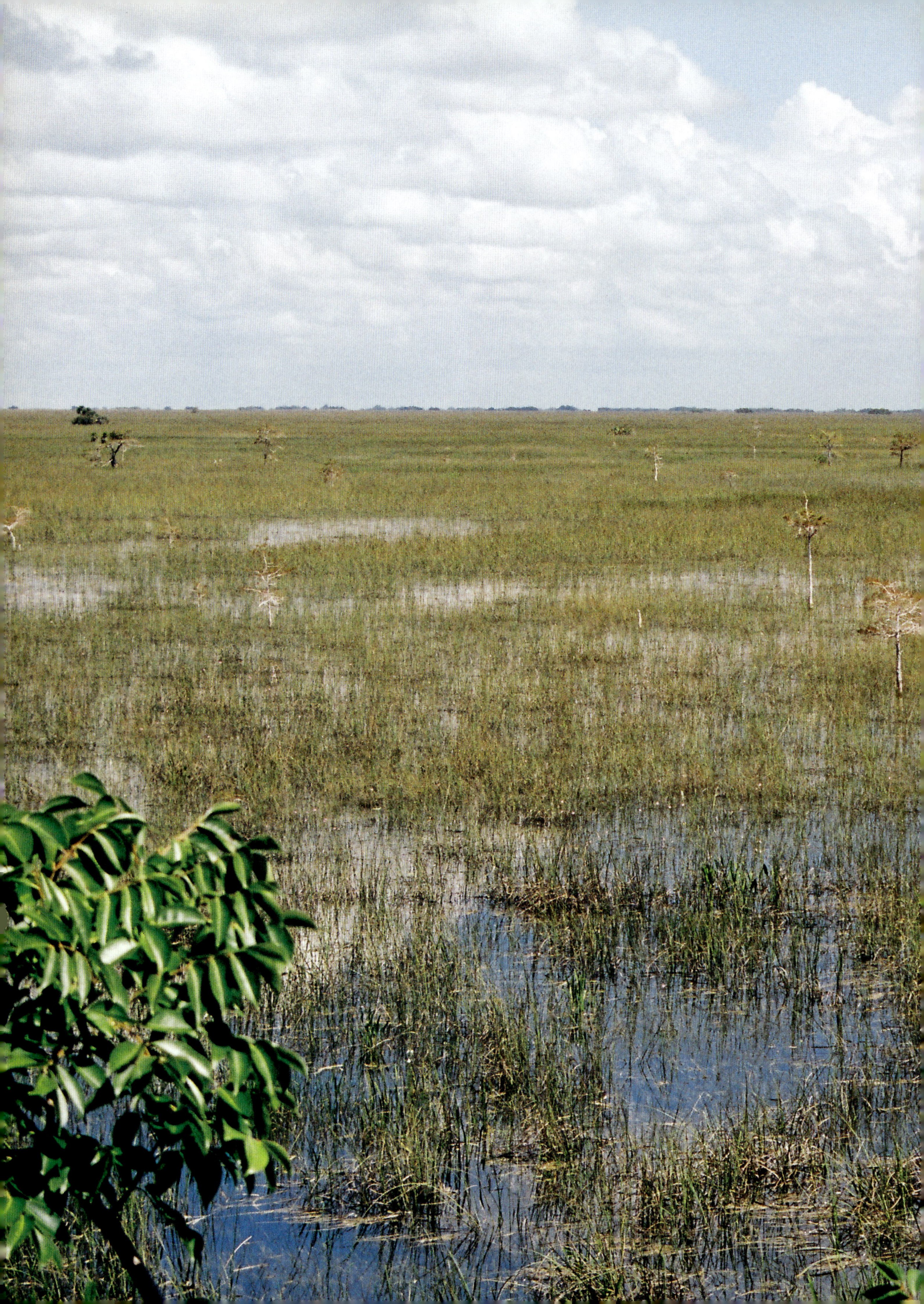

エヴァーグレーズ国立公園（フロリダ州）

フロリダ半島南端に広がるこの公園は，東京都と埼玉県を合わせた広さがある。この公園の北側に隣接する湿地帯を含めると，関東地方全体より広い。この公園を覆う水は澄んでいて，かなりの速さで流れている。フロリダ半島中部に降る雨はオキーチョビー湖に集められ，その南に広がる湿地帯に溢れ出て南下し，この公園を通って半島南端でメキシコ湾に注いでいる。すなわち，湿地というより，川幅は100km，長さ150km，水深30cmの川といった方がよい。ここには植物1000種以上，動物700種以上が育まれており，1976年には世界遺産に登録された。しかし，これが危機に瀕した。それは，フロリダ半島南部の人口増によって水の使用量が増大し，この公園の水量は年々減少したのである。また，都市周辺では農業開発が進み，化学肥料の使用に伴って水質が富栄養化し，それがこの公園の植生に影響を及ぼし，鳥類をはじめとする動物の生存を脅かすに至り，世界危機遺産にリストされたのでる。しかし，その後水路や農地を破壊して元に戻す作業が進められ，2007年6月には危機遺産をようやく脱した。

この公園の場合は，行政のすばやい対応で，環境が守られる方向に舵が切られたが，同様の問題は世界各地で起こっている。人間が生存し，よりよい生活をするための努力をすればするほど，自分の住み処である自然を破壊してしまうという矛盾，かつて繁栄した恐竜の絶滅への道を，その原因は異なるにしても，人間がたどる可能性がないとはいえない。やがて人間に代わって，環境順応力の大きいごきぶりかふんころがしが地球の主人公となってしまうのか。そんな悪夢を見ないために，今，人間は何をしたらよいのか，知恵を出し合うべきときではないのか。

91

あ と が き

　「旅」という言葉には快い響きがある。「旅行」という言葉より広く深い意味を感じる。ときには人生を「旅」に準えることもある。「旅行」の主役は「頭」だとすれば，「旅」の主役は「心」になるだろう。それ故に「旅」には多くの人がある種の憧れを持つ。「旅行」に出掛けて，いつも「旅」を求めている。旅先で心の琴線にふれる場面に出合いたいと思う。平凡な言葉でいえば，「感動」に出合いたいと思う。

　「旅行」と「写真」は私の若いときからの趣味である。そして，在職中には業務出張の中でさまざまな「旅行」を体験できた。また自社出版物に掲載する写真を自分で撮影に出掛け，自分の「写真」の趣味を満足させた。そんな経験が退職後にも連なり，三十数回の海外旅行，延べ日数420日，撮影した写真は12,000枚を越えた。在職中に撮影した写真は学習教材用であったため，退職した後もその呪縛から逃れることができず，「芸術写真」は撮れず，やむなく学習教材向きの「記録写真」を撮り続けてきた。それが皮肉にも，今回の出版物に結びついたといえる。

　旅行中に自分で撮った写真を出版物にする仕事は楽しい。旅行中の興奮や感動が蘇り，旅行を再び追体験できるのである。

　旅行中に，雄大な景観や珍らしい文化に接して感動することは多い。しかし，現地の人との偶然の出合いに感動することもある。とくに，子供たちが純粋な心で接してくれたときは，ささいなひとことの会話だけでも感動することがある。右のページに掲載した少女の記事はその一例である。

　感動は次の旅行への源動力になるとともに心の糧になる。感動によって，より深い人生観，より広い世界観を得られれば，その後の自分の人生や子供の教育に大いに役立つであろう。ただし，写真から感動を読み取るのはむずかしいかもしれない。指導者は積極的に海外に出向いて，自ら感動を体験し，それを子供たちに熱く語って伝えてほしい。

　私は海外旅行をするには，そろそろ限界に近づいている。ドライブ旅行は自由を満喫できる楽しさがある反面，ある程度の体力を必要とする。今までの5万kmを越える距離の走行中には，幸いにも事故もなく旅行できたが，加齢とともに反射神経や視力の低下は確実に進行しているので，事故を起こさないうちに，ドライブ旅行は打ち止めにしなければならない。また，旅行社が主催するツアーへの参加は，一般的にはドライブ旅行よりはいくつか高齢になるまで可能であるが，集合時間を忘れたり，歩くのが遅いために他のメンバーに迷惑をかけていることに気がついていない高齢者が，各ツアーに一人か二人含まれていることが多く，迷惑をかけるようになる前に，自ら参加を辞退すべきと考えている。しかしながら，「旅」をしたい気持はまだ強く，毎日地図を開いては未訪問国への「旅」を思い描いている始末である。

2009年4月

齊藤　隆

デカン高原北部の村の少女（インド）

　カジュラホの西数十kmにある村のほこりまみれのレストランの前でバスが止まった。トイレストップである。私はいつものように出発時刻を確認し，真っ先にバスを降り，農家がある方に歩いた。暑い日差しの中，畑の小道を歩いていると，どこからともなく少女が現れ，私と目が合うと恥ずかしそうに小さく手招きをするので，私がついて行くと，自分の家に案内してくれた。「ひと休みしていったら」「家の中には飲み水があるよ」という仕草をした。汗びっしょりの私を気遣ってくれたのだ。出発時刻が迫っていたので，お礼をいっただけで，家には入らなかったが，狭いながらもきれいにしていた。この少女は着ているものは粗末であるが，こざっぱりしていて，鼻・首・手首・足首のシンプルなアクセサリーもよく似合っていた。観光地の子供とちがって，村の子供は純朴そのものである。初対面の外国人に対する親切心に感激しながら，バスに戻った。

さくいん

あ

アイスフィールド・パークウェイ ……………………………… 56・60
アオラギ（クック）山……… 51・53
アクバル………………………… 6
アグラ…………………………… 4
アサバスカ川…………… 56・58
アサバスカ氷河………………61
アジャンター石窟寺院………15
アショーカ王…………………… 9
アーチズ国立公園……………77
アヌラダプラ…………… 20・24
アーネムランド半島…………44
アボリジニ……………………40
アポロ11号……………………88
アマリロ………………………82
アメリカ合衆国………………68
アメリカバイソン……………71
アユタヤ朝……………………26
アリススプリングス…………43
アリゾナ州……………68・78・80
蟻塚……………………………44
アルゴンキン州立公園………67
アンコール朝…………… 26・30
アンコール＝トム……………30
アンコール＝ワット…………26
イエローストーン……………70
いけす…………………………33
インターステート（ハイウェイ）システム……………………………86
インド…………………………… 4
インドネシア共和国…………34
ヴァラナシ……………………11
ヴィマーナ（本堂）…………16
ウォータートンレイク国立公園……71
ウルル…………………………40
ウルル・カタジュタ国立公園 …………40
エアーズロック………………40
エヴァーグレーズ国立公園…91
エルク…………………………77
エンドモレーン（終堆石）…53
オーストラリア連邦…………40
オタワ…………………………65
オーバーシーズハイウェイ…89
オペラハウス…………………46
オルガ…………………………43
オールド・フェイスフル・ガイザー ……………………………… 70

か

カウボーイ……………………82
かえで…………………………67
カカドゥ国立公園……………44
カジュラホ……………………13
化石……………………………81
カタジュタ……………………42
ガート…………………………11
カナダ…………………………56
カナダ国会議事堂……………65
カナディアンロッキー………56
ガル・ヴィハーラ……………20
カールズバッド洞窟群国立公園……81
岩塩……………………………58
間欠泉…………………………70
ガンジス川……………………11
環礁……………………………45
カンボジア王国………………26
キーウェスト…………………89
キャニオンデシェイ…………80
キャニオンランズ国立公園…74
峡谷……………………68・74・80
クインズタウン………………54
クタビーチ……………………39
クトゥブ＝アッディーン＝アイバク ……………………………… 6
クトゥブ・ミナール………… 6
グランドキャニオン…………68
グリーン川……………………74
グレーシャー国立公園………71
グレートアーテジアン（大鑽井）盆地 ……………………………… 43
グレートバリアリーフ………45
ケスタ地形……………………43
ケネディ宇宙センター………88
ケベック………………………64
香辛料…………………………22
荒野……………………………78
紅葉……………………………67
谷壁……………………………50
ゴープラム（塔門）…………16
コモリン岬……………………18
ゴールデン……………………61
コロラド川…………………68・74
コロラド州…………………74・77
コロンビア大氷原……… 58・60・61
コンバイン……………………84

さ

サザンアルプス山脈……… 53・54
砂漠…………………………40・42
珊瑚礁………………………45・89
サーンチ………………………… 9
サンワプタ川…………………58
サンワプタ滝…………………58
サンワプタ峠…………………60
シーギリヤ・レディ…………23
シーギリヤ・ロック…………23
湿地帯…………………………91
シドニー………………………46
シドニー港……………………46
シャー＝ジャハーン………… 4
ジャスパー……………………58
ジャスパー国立公園…… 56・58・60・61
ジャワ島……………………34・36
ジャングル……… 23・26・29・34
上座部仏教……………………15
鍾乳洞…………………………81
ジョージア州…………………87
浸食…………………………58・68
シンハラ王朝………………20・22
シンハラ人……………………20
針葉樹………………………56・63
針葉樹林………………………61
森林限界………………………77
水上家屋………………………32
スウィフトカレント湖………71
ストゥーパ（仏塔）………9・36
スパーダーロック……………80
スペースシャトル……………88
スリランカ民主社会主義共和国……20
スルタン………………………… 6
スワン川………………………47
聖地……………………………11
西部劇………………………78・82
世界遺産………… 4・16・29・34・40・44・48・68・70・71・91
石筍……………………………81
石窟寺院………………………22

た

項目	ページ
大乗仏教	15
ダーウィン	44
タージ＝マハル	4
棚田	38
タ・プローム僧院跡	29
タミル人	19・20
タミルナドゥ州	19
タンジャブル	16・19
ダンブッラ	22
チャンデーラ王国	13
チャンパ	30
彫像	13
チョーラ王朝	16
ディズニーワールド	89
デカン高原	13・15
テキサス州	82
デッドホースポイント州立公園	74
テネシー州	84
デリー	6
テ・ワヒポウナム	48
天女像	13
ドラヴィダ様式	16
トラクター	84
奴隷王朝	6
トンレサップ湖	32

な

項目	ページ
ニュージーランド	48
ニュージーランド南島	48・55
ニューメキシコ州	81・83・86
熱水現象	70
熱帯	39
熱帯サバナ気候	18・44
涅槃仏	20

は

項目	ページ
ハイウェイ	87・89
配合飼料	82
バイヨン	30
パークレンジャー	68
パース	47

雪上バス……61
セブンマイルブリッジ……89

項目	ページ
バッファロー	71
ハーバーブリッジ	46
バラモン僧	30
バリ島	38
パンチ・マハル	6
バンフ国立公園	60・63
ヒマラヤ	11
ビュート	78
氷河	48・50・53・56・61・63・71
ヒンドゥー教	20・36
ヒンドゥー教徒	6・11
ヒンドゥー寺院	13・16・26・36
ヒンドスタン平原	11
ファテプル・シークリー	6
フィードロット	82
フィヨルド	48
フィヨルドランド国立公園	48
プカキ湖	51
仏教	9・20・24・34
仏教建造物	34
仏教寺院	15・30
仏塔	36
フマユーン廟	6
ブライスキャニオン国立公園	77
フランス系	64
フランツ・ジョセフ氷河	53
プランバナン	36
ブリハディシュヴァラ寺院	16
ブループール（マカロラ川）	51
フレスコ画	23
フロリダ州	88
フロリダ半島	89・91
分水嶺	56・60・71
ペイト湖	63
ペトリファイドフォレスト国立公園	81
牧場	82
堡礁	45
ボロブドゥール	34
ポロンナルワ	20

ま

項目	ページ
マイアミ	89
マイターピーク	48
マウリヤ朝	9
マウンテンゴート	58
マドゥライ	16・19

項目	ページ
マングローブ林	44
ミトゥナ像	13
ミナークシ寺院	16
ミルフォードサウンド	48・50
ムガル建築	4・6
ムガル帝国	4・6
ムムターズ＝マハル	4
メコン川	33
メサ	74・78
綿花畑	84
メンフィス	84
沐浴	11
モニュメントヴァレー	78
モレーン	61
モンタナ州	71
モントリオール国際空港	65

や

項目	ページ
遊園地	89
U字谷	48・56・60・71
ユタ州	74・77

ら

項目	ページ
リアス海岸	46
ルピナス	55
ルワンヴェリ・サーヤ大塔	24
レストエリア	87
ロケット	88
ロッキー山国立公園	77
ロッキー山脈	56・68・71・74

わ

項目	ページ
ワイオミング州	70・74
ワカチプ湖	54
ワーグラー渓谷	15
ワジ（かれ川）	43
ワナカ	55

齊藤　隆（さいとう　たかし）

1937年 5月	埼玉県に生まれる
1956年 3月	埼玉県立浦和高等学校卒業
1960年 3月	東京学芸大学卒業
同年 4月	株式会社帝国書院入社
1973年 7月	同社編集部長就任
1990年10月	同社代表取締役常務就任
1995年 3月	同社代表取締役社長就任
1997年 5月	同社定年退職

写真に見る
アジア・アメリカの風俗文化

2009年 5月25日　印刷
2009年 6月 1日　発行

定価　本体2,600円（税別）

写真・解説　齊藤　隆
発行者　株式会社　帝国書院　〒101-0051　東京都千代田区神田神保町3-29
　　　　代表者　守屋美佐雄
製版　株式会社　プロスト
印刷　新村印刷　株式会社

発行所　株式会社　帝国書院

電話　03(3262)0830(販売部)
　　　03(3262)9038(開発部)

URL http://www.teikokushoin.co.jp/
ISBN978-4-8071-5849-2 C0025

乱丁，落丁がありましたら，お取り替えいたします。